밑 빠진 독을 막는 세금 치료법

프롤로그

책 구성은 우선 본문에 절세 컨설팅과 정책자금(정부지원금, 보조금, 융자)을 업력에 따라 설명했다. 본문의 전문적인 용어는 주석을 통해 부연 설명했고 정보 전달이 필요한 부분과 중요한 예규, 판례, 조문 등은 표와 요약의 형태로 추가했다.

'본서'는 절세와 관련해서 현장에서 고객과 전문가가 효과적으로 소통하고 외부 도움 없이 정부지원금과 정책자금을 신청할 수 있도록 집필한 실용서다.

세무 업무를 하다 보면 시기를 놓쳐서 절세혜택을 못 받을 때와 절세 설계는 했어도 절차 등이 법에 맞지 않아 오히려 세금 폭탄을 맞는 경우를 자주 접한다.

현장에서 고객과 전문가가 효과적으로 소통할 수 있어야 절세 시기를 놓치지 않고 절세 설계 기능이 법의 형식과 절차에 맞게 실행된다.

세무사 사무실을 개업하고 7년에서 8년가량 지났을 때이다. 문득 이런 생각이 들었다. '거래처 매출이 늘고 이익이 늘면 내 매출이 오르는데 나는 거래처에 뭘 해 드렸을까?' 물론 장부 작성을 도와드리고 절세도 열심히 해 드렸지만 실질적인 성장에 도움은 못 드렸다는 생각이 계속 들었다. 고민 끝에 거래처 성장에 도움이 되는 방법을 고민하다가 그중 정부지원금에 관심이 갔다. 그 후 1년 정도 정부지원금에 대한 자료를 수집하여 공부한 후 거래처 상담을 진행하니 두 가지 유형으로 나누어졌다. 정부지원금에 관심 있고 기술력과 의지도 있지만 접근이 어렵고 준비할 게 많다 보니 포기하는 경우와 단지 정부지원금을 '눈먼 돈'이라고 생각하는 경우였다.

자극적인 마케팅 문구로 인해 정부지원금이 '눈먼 돈'이라고 생각하는 거래처는 본인이 직접 고민하고 작성하지 않은 사업계획서는 서면 평가를 운 좋게 통과했다 해도 대면 평가에서 떨어진다는 사실을 말해 드리고 단념하도록 했다. 정부지원금은 '눈먼 돈'이 아니고 '매의 눈'이다.

그 후 정부지원금에 의지가 있고 노력하는 거래처가 정부지원금을 보다 효과적으로 준비하고 신청 과정에 도움을 드리기 위해 연구했다. 사업계획서는 사업을 수행하면서 외부 이해관계자들에게 사업장의 신용이 필요한 경우 담보 역할을 한다. 참고로 사업계획서와 마케팅기획서는 굉장히 유사하다. 이에 대해서는 본문에 자세하게 다뤘다. 연구와 경험이 쌓이고 몇 년 뒤엔 거래처에 실질적인 도움이 가능해졌다. 거래처뿐만 아니라 보다 많은 독자에게 절세와 정책자금에 대한 정보를 드리고자 본서를 집필하게 되었다.

집필하는 동안 혼자서 외롭지 않게 도와준 김연재, 이연정 세무사, 감수를 맡아 준 법무법인 광장의 권태영 세무사, 지칠 때 계속 동기부여를 해 준 KB 라이프파트너스 HO&F지사 김명일 지점장님, 전산 작업을 도와준 윤영준 대리, 출판 관련 업무를 도와준 문중환 사무장, 많은 걸 양보해 준 여자친구 Rose 양께 깊은 감사를 드린다.

독자들에게 조금의 도움이라도 드리자는 마음으로 지난 몇 개월이 지나갔다. 올해 겨울은 몹시 추웠지만 필자에게는 뜨거운 겨울이었다. 끝으로 좋아하는 시 한 편 올리겠다.

《너에게 묻는다》 안도현

"연탄재 함부로 발로 차지 마라"
너는 누구에게
"한 번이라도 뜨거운 사람이었느냐"

블로그 주소 https://blog.naver.com/seotax76

CHAPTER 1 법인 설립과 초기 운영

1. 설립 시 고려할 사항

2. 정관

CHAPTER 2 창업 초기 절세 및 정책자금 활용

1. 정책자금의 종류와 활용

2. 세액감면 및 공제제도 활용

3. 법인 전환과 절세 전략

4. 이익잉여금 출구 전략 사전준비

CHAPTER 3 성장기 절세 및 자금조달

1. 복지 향상을 통한 협력적 노사관계 구축

2. 정부지원금 활용

3. 성장기 자금조달과 활용

4. 이익잉여금 출구 전략 준비 및 실행

CHAPTER 4 성숙기&안정기 절세 전략

1. 이익잉여금 활용 및 출구 전략

2. 사전 가업승계 절세 전략

3. 상속 시 가업승계 절세 전략

CHAPTER 5 절세 설계와 조세회피 위험 관리

1. 실질과세의 원칙

2. 부당행위계산의 부인

3. 특수관계자 판단 기준

CHAPTER 1.

법인 설립과 초기 운영

창업 초기에 뿌려 둔 씨앗이

절세와 정책자금의 성공과 실패를 결정한다.

1

설립 시 고려할 사항

- 자본금 설정과 대외신용도 관리

종잣돈이다. 법인 설립 시 사업 밑천이 되는 돈이다. 사람은 부모로부터 인격을 부여받고 법인은 법으로부터 인격을 부여받는다. 2011년 상법 개정 전에는 최저자본금이 5천만 원이었다. 상법 개정으로 최저자본금 규정은 삭제되었다. 주식을 0원으로 발행하는 경우 0원도 가능(무액면주식)하다. 주식을 액면 발행하는 경우(액면주식) 1주당 최소 금액이 100원이므로 100원도 가능하다.

자본금 규모에 따라 등록면허세와 지방교육세를 납부한다. 등록면허세는 자본금의 0.4%가 부과된다. 지방교육세는 등록면허세의 20%를 부과한다. 등록면허세와 지방교육세는 수도권 과밀억제권역에서 설립하면 3배(1.2%)로 중과된다. 다만 자본금과 상관없이 최소 135,500원(지방교육세 포함)은 의무적으로 납부해야 한다. 수도권 과밀억제권역 밖 기준 약 2천8백만 원까지는 135,500원으로 똑같다.

자본금 한도 규정이 있는 업종의 경우 한도에 맞게 자본금을 설정해야 법인 설립이 가능하다, 그 외 창업 초기 자본금은 세금과는 크게 상관없다. 오히려 투자자, 은행과 같은 외부 이해관계자를 고려해야 한다. 자본금이 크면 대외신용도가 커지므로 투자를 유치하거나 대출 승인이 유리하다. 특히, 창업 초기에 손실이 나는 경우 자본금이 적게 설정되어 있으면 자본잠식[1]이 일어날 수 있고 완전자본잠식인 경우 정책자금(정부지원금, 정책대출) 신청 자격에서 탈락할 수 있다. 이런 경우 증자를 통해 완전자본잠식 상태는 해소하는 것이 좋다. 법인의 운영 경비가 추가로 필요할 때마다 대표가 법인에 자금을 대여(가수금)할 수도 있지만 가수금은 부채 계정이므로 부채비율이 나빠진다.

자본금 제한 규정이 없고 대출도 필요한 경우가 아니라면 설립비용(면허세, 교육세 등)과 임대보증금(임대료) 및 기타 6개월 정도의 운영 경비를 대체할 수 있도록 자본금을 설정하면 된다.

자본금이 이해되었다면 앞으로 본서에서 자주 다룰 용어들의 개념을 설명하겠다.

이해의 편의를 돕기 위해 세부적이거나 예외적인 사항은 설명에서 고려하지 않겠다.

내 돈이 법인에 들어간 것(자본금)과 이익(이익잉여금)을 자본 또는 자기자본이라 한다. 남의 돈이 법인에 들어간 것을 부채 또는 타인자본이라 한다. 흔히 "빚도 자산이다."라고 하는데 실제로 맞는 말이다. 자기자본과 타인자본을 합쳐 자산(자산 = 부채 + 자본)이라 한다. 순자산은 자산에서 부채를 차감(순자산 = 자산 - 부채)한 것이다. 자본, 자기자본, 순자산 모두 같은 개념이다.

---

1 지속적으로 적자가 발생해 자기자본이 자본금보다 작아지는 것(예를 들어 자본금이 1천만 원이 있는데 경영난으로 인해 손실이 쌓여 결손 금액이 2백만 원이 되었다면 이를 부분적 자본잠식이라고 한다. 더 나아가 결손금액이 자본금보다 커지게 될 경우 완전자본잠식 상태가 된다).

다음 표를 '대차대조표'라 한다. 왜 '대차대조표'라고 하는지 설명하겠다.

자산	부채
	자본
왼쪽	오른쪽

함께 창업을 준비해 보겠다.

종잣돈 5천만 원과 은행에서 빌린 돈 5천만 원으로 자금을 조달하여 식당을 개업했다.

표를 보면 왼쪽이 자산이고 오른쪽이 부채와 자본이다. 그래서 장부를 기록할 때도 왼쪽에는 자산 항목, 오른쪽에는 자본과 부채 항목을 기록한다.

실제 장부에 기록하게 되면 다음과 같다.

(왼쪽) 현금 50,000,000원 **(오른쪽) 자본금 50,000,000원**
(왼쪽) 현금 50,000,000원 **(오른쪽) 차입금 50,000,000원**

1년 동안 기업의 장부는 적게는 몇백 건부터 많게는 몇천 건을 기록해야 하는데 장부를 작성할 때 왼쪽, 오른쪽이라고 쓰면 길고(멋이 없다) 의미를 부여하기가 힘들다. 그래서 약속했다. 왼쪽을 차변(차)이라 하고 오른쪽을 대변(대)이라고 하자.

자산은 여러 종류(현금, 외상매출금, 재고자산 등)가 있는데 이를 자산 항목 또는 '차변 항목'이라 한다. '차변 항목'이 원래 자리인 왼쪽에 있으면 증가를 의미(자산이 증가했다)한다. 반대로 원래 자리가 아닌 오른쪽에 있으면 감소(자산이 감소했다)를 의미한다.

현금이 왼쪽에 있으면 현금이 들어왔다. 현금이 오른쪽에 있으면 현금이 나갔다.

부채도 여러 종류(외상매입금, 미지급금, 차입금 등)가 있는데 이를 부채 항목 또는 '대변 항목'이라 한다. '대변 항목'이 원래 자리인 오른쪽에 있으면 증가를 의미(부채가 증가했다)한다. 반대로 원래 자리가 아닌 왼쪽에 있으면 감소(부채가 감소했다)를 의미한다.

차입금이 오른쪽에 있으면 대출을 받았다. 차입금이 왼쪽에 있으면 대출을 상환했다.

자본도 자본금, 자본잉여금, 이익잉여금과 같이 여러 종류가 있고 이를 자본 항목 또는 '대변 항목'이라 한다. '대변 항목'이 원래 자리인 오른쪽에 있으면 증가를 의미(자본이 증가했다)하고 반대로 원래 자리가 아닌 왼쪽에 있으면 감소(자본이 감소했다)를 의미한다. 부채와 같은 논리로 이해하면 된다.

자본금이 오른쪽에 있으면 자본을 증자했다. 자본금이 왼쪽에 있으면 자본을 감자했다.

실제 장부 작성과 대차대조표를 완성해 보겠다.

(차변) 현금 50,000,000원 (대변) 자본금 50,000,000원

(차변) 현금 50,000,000원 (대변) 차입금 50,000,000원

<table>
<tr><td rowspan="2">자산
현금(자산 항목) 1억 원</td><td>부채
차입금(부채 항목) 5천만 원</td></tr>
<tr><td>자본
자본금(자본 항목) 5천만 원</td></tr>
</table>

대차대조표(B/S)

대변과 차변 양쪽으로 대조한 표를 줄여서 '대차대조표'라 하며 영어로 'Balance Sheet'라 한다. 앞으로 대차대조표는 B/S라 하겠다.

이와 같은 장부 작성 방식을 복식부기라 한다. 단식부기는 가계부 작성 방식과 같다. 모든 거래를 현금으로 한다는 전제하에 장부를 작성한다고 이해하면 가장 쉽다. 화장지 5천 원, 생수 1천 원과 같은 방식으로 작성한다.

여기까지 잘 따라온 독자는 주석에서 설명하고 있는 자본잠식, 완전자본잠식, 부채비율이라는 용어가 어렵게 느껴지지 않을 것이다.

일단 여기까지 이해하고 후술하는 CHAPTER 2. 정책대출 부분에서 추가로 설명하겠다.

– 업종 관련 주의 사항

사업자등록증상의 업종은 실제 본인이 하는 업종을 기재하면 된다.

정부는 뿌리산업인 제조업을 육성, 성장시키기 위해 여러 세제 혜택을 부여한다. 정부 지원사업(정부지원금)과 정책자금 대출의 경우에도 여러 혜택을 준다. 본인이 제조업을 하고 있는데 사업자등록증에 도소매로 기재되는 경우가 있다. OEM 방식의 제조[2]를 하는 경우, 기계장치 없이 가내수공업을 하는 경우에도 제조업에 포함된다.

OEM 제조는 사업자등록증을 신청할 때 OEM 계약서, 제품생산지시서, 제품소개서를 첨부해서 제출하면 된다. OEM 제조는 제품을 직접 기획하고 원재료를 직접 제공해야 한다. 제품은 자사 브랜드로 생산해야 하며 직접 시장에 판매하여야 한다. 업종을 도소매업으로 하는 경우 창업 관련 세액감면을 받을 수 없으니 주의를 요한다. 중소기업 특별세액감면의 경우에도 감면율이 도소매업 등에 비해 10% 이상 높다.

실무에서 (해외)구매대행업을 하는 사업자의 경우에 사업자등록증상에 업종을 잘못 기재해 곤란을 겪는 경우가 종종 있다. 구매대행업은 서비스업인데 이를 도소매업으로 기재한 경우가 이에 해당한다. 구매대행업은 상품을 사는 소비자와 상품을 파는 기업을 중개하며 수수료가 매출이 되는 업종이다. 사업용 계좌 또는 법인통장에 소비자의 물품 구매액이 입금은 되지만 이는 매출이 아니고 이에 따른 수수료가 서비스 매출이 된다. 상품을 직접 판매

---

2 OEM(Original Equipment Manufacturer)은 제품을 주문자의 브랜드로 생산하는 제조 방식이다. 즉, 설계와 생산은 제조업체가 담당하고, 완성된 제품은 주문자의 상표를 부착해 판매한다. 이는 대규모 생산을 통해 비용을 절감하고, 품질을 일정하게 유지하는 데 큰 이점이 있다.

하는 것이 아니기 때문에 재고도 존재하지 않는다. 도소매업은 상품을 사는 소비자 또는 고객에게 직접 상품을 판매하여 매출이 발생하는 업종이다. 상품 판매 대금이 상품 매출이 된다. 직접 상품을 판매하므로 재고가 존재한다. 위와 같이 구매대행업과 도소매업은 매출의 종류(서비스, 상품)와 재고 유무의 차이점이 있다.

만약 구매대행업을 하는 사업자가 도소매업으로 사업자등록을 하게 되면 세무서는 소비자에게 입금된 금액을 매출로 잡지 않고 일부(수수료)만 매출로 잡은 것에 대해 소명을 요청하게 된다. 보통 2년에서 3년간의 자료를 소명 요청하고 소명 요청 전에 홈페이지 또는 온라인 스토어에서 직접 상품을 판매하는지 또는 재고가 있는지를 조사한다. 이 경우 사업자는 몇 년 전(당장 한 달 전 일도 기억이 잘 나지 않는다) 자료를 소명하는 데 어려움이 따르고 홈페이지나 온라인 스토어에서 일부 상품을 판매하거나 일부 재고가 있는 경우 낭패를 볼 수도 있다.

사업자등록증상에 본인이 실제로 하는 업종을 정확히 기재해야 한다. 구분이 어려우면 기장을 맡기고 있는 세무사 또는 담당 직원에게 전화로 물어보면 된다.

– 임원 급여 설계 및 과세이연 전략

대표이사의 급여는 일반적으로 두 가지를 고려해야 한다.

첫째, 법인과 대표이사의 관계는 근로관계가 아니라 위임관계이다. 민법에 따라 대표이사의 보수는 원칙이 무보수이다. 따라서 보수계약서를 작성해야 급여를 지급할 수 있다, 보수계약서 없이 지급하는 보수는 업무 무관 가지급금이다.

둘째, 대표이사의 급여는 회사의 비용이므로 법인세를 줄인다. 급여를 가져갈 때 납부하는 소득세와 급여로 인해 줄어드는 법인세를 고려해 결정한다. 간단히 예를 들어 보면 법인세를 19% 구간에서 내고 있는데 소득세 실효세율이 6% 구간이라면 소득세 실효세율을 법인세와 같은 19%까지 올렸을 때 최대로 절세가 된다. 물론 실제 대표자의 소득디자인을 설계할 때는 대표자의 급여 외에도 배당, 4대보험, 근무(실제로 근무해야 한다)하는 배우자 및 자녀 등의 급여까지 종합적으로 고려한다.

그 외 개인기업에서 법인 전환을 한 경우 개인사업자를 운영했던 방식으로 법인 돈을 가져가게 되면 가지급금 문제가 발생한다. 개인사업자는 1년 동안 벌어들인 수익에 대해 전부 세금을 부담했기 때문에 그 사용이 자유롭다(국세청이 관여하지 않는다). 반면에 법인은 저율의 법인세만 부담했기 때문에 개인자금화(이하 '개인화'라 한다)를 하는 경우 해당 세금을 납부하고 가져가야 한다. 하지만 근로소득세와 4대보험이 부담된다. 급여를 낮게 책정하고 자금이 필요할 때마다 인출하게 되면 가지급금[3]으로 상여로 소득 처분돼 소득세를 내야 한다. 지급하는 법인은 상여를 지급했음에도 비용으로 경비처리를 하지 못한다. 후술하는 CHAPTER 2. 임원 급여 소득디자인에서 자세히 설명하겠다. 본인의 실제 생활자금과 세금을 고려하여 효과적인 급여 설계를 해야 한다.

---

3 법인이 실제로 현금 등을 지출하였으나 계정이나 금액 등이 확정되지 않아 임시로 처리하는 것이다. 이때 필요할 때마다 인출하는 방식을 사용하여 가지급금이 쌓이게 되면 인정이자(4.6%)가 계산되어 해당 금액의 귀속자에게 과세되며 업무 무관 가지급금에 대한 지급이자가 경비로 인정받지 못하는 일이 발생하여 법인세 부담이 가중된다.

개인기업이 법인 전환을 했을 때, 개인기업이 영업 활동을 통해 이익이 꾸준히 발생한 경우 영업권[4]이 발생한다. 식당과 같은 상가의 권리금과 같은 개념이라고 생각하면 된다. 영업권 평가는 두 가지 방법이 있다. 세법으로 규정된 방법으로 권리금을 계산하는 방식과 감정평가를 받는 방법이다. 일반적으로는 감정평가를 받는 방법이 영업권이 더 크다. 영업권은 기타소득[5]으로 과세되며 필요경비가 60% 인정된다. 영업권을 급여 파트에서 언급하는 이유는 급여를 설정할 때 영업권이 있는 경우에는 고려해야 하기 때문이다.

영업권은 다음 해 5월까지 필요경비를 차감한 소득금액이 300만 원을 초과하는 경우 무조건 다른 소득과 합산하여 종합과세된다. 300만 원 이하는 분리과세와 합산과세를 선택할 수 있다. 분리과세란 다른 종합소득과 합산하지 않고 지급할 때 세금을 내고(이를 '원천징수'라 한다) 그대로 종결되는 과세 방식이다. 영업권 소득을 지급할 때 8.8% 원천징수를 한 후 다음 달 10일까지 납부해야 한다.

영업권은 이익이 3년간 지속적으로 3억 정도(자기자본 1억 원~10억 원 가정)인 경우 약 2억에서 5억 정도 나온다. 필요경비가 60%(매우 큰 금액이다) 인정되지만 5억이 생겼다고 가정하면 2억에 대해서는 세금을 5천만 원[6] 가량 부담하게 된다. 5억을 개인화하는 데 10% 세금을 내는 건 저율의 세금

---

4 장래의 수익을 예상할 수 있는 경영상의 유리한 관계로서 경제적 가치가 인정되는 무형적 자산을 의미한다.

5 소득세법에서 열거하고 있는 종합소득 합산과세 소득 중 이자소득, 배당소득, 사업소득, 근로소득, 연금소득, 외의 소득이다. 영업권, 복권당첨금, 사례금 등이 이에 해당한다.

6 종합소득세 과세표준 2억, 인적공제 3명으로 750만 원으로 설정.
(2억−0.075억)×0.38−0.1994억=0.5321억

을 부담하는 것이지만 절대적인 세금이 부담스럽다. 이 경우 급여를 높게 설정하게 되면 높은 급여소득과 영업권이 합산되어 높은 세율구간을 적용(누진세율)받게 된다. 소득세는 종류(근로소득, 기타소득)별로 모두 합산하여 과세하기 때문이다. 이를 '종합소득세 합산과세'라 한다. 이 경우 영업권의 절세효과(8.8%)는 사라지게 된다.

영업권(기타소득)이 발생한 경우 법인 초기에는 급여를 무보수(근로소득 제로)로 하고 필요한 생활자금은 영업권을 통해 월별로 나누어 수령하면 절세가 가능하다. 급여를 무보수로 해도 문제없다. 민법상 무보수가 원칙이다.

법인 전환 시기를 잘 계획하면 영업권의 과세이연(지금 세금을 납부하지 말고 나중에 납부해) 효과를 최대로 할 수 있다. 영업권에 대한 종합소득세를 납부하는 시기가 다음 해 5월이기 때문이다. 1월에 법인 전환을 하게 되면 다음 연도 5월까지 17개월 동안 과세이연이 가능하다. 하지만 12월에 법인 전환을 하게 되면 다음 연도 5월까지 6개월 동안만 과세이연된다.

영업권 대가를 지급한 법인은 5년간 비용 처리를 할 수 있다.

Q. 영업권은 발생한 과세기간에 모두 받아야 하나요?

영업권을 1년에 다 받을 필요는 없다. 회사의 자금 여력에 따라 수령하면 된다. 예를 들면 영업권이 5억이 발생한 경우 법인이 5억을 1년에 모두 지급하는 것이 부담스럽다면 몇 년에 걸쳐서 지급 가능하다. 지급 시점에 지급한 금액만큼만 원천징수하면 된다. 단, 종합소득세 세금 신고는 다음 해 5월에 모두 신고·납부해야 한다. 영업권이 모두 소진되면 대표이사의 급여를 계약하면 된다.

정리하면 영업권이 발생한 해에 지급받은 금액에 한정해서 원천징수 의무를 부담하고 다음 해 5월에 종합소득세를 신고·납부(실제 지급 여부와 관계없다)하게 되면 세금 납부는 완료된다. 원천징수하여 납부한 세금이 있으면 종합소득세에서 공제한다.

영업권과 관련해서 발생한 건강보험료도 발생한 과세기간에 부담하지 않고 다음 해 11월에 부과되므로 초기 부담을 줄일 수 있다. 영업권이 발생한 해에 지급되지 않은 미지급 영업권은 더 이상 원천징수를 하지 않아도 (다음 해 5월에 종합소득세로 모두 납부)된다. 영업권이 발생한 다음 해에는 원천징수 없이 영업권(미지급) 금액을 가져가면 된다.

Q. 5월에 종합소득세를 납부하고 나면 더 이상 원천징수를 하지 않아도 된다고 했는데 4월까지는 원천징수를 하는 건가요?

예를 들면 영업권이 2024년 6월에 6억이 발생하고 7월부터 12월까지 월 2천을 6개월에 걸쳐 1.2억을 지급한다고 가정하면 2024년 지급한 1.2억에 대해서는 월마다 8.8% 1,760,000원을 원천징수하여 납부하고 2025년 월 2천씩 지급하는 영업권은 더 이상 원천징수를 하지 않아도 된다. 2025년 5월에 종합소득세 신고 시 2억(60% 필요경비 차감)에 대해 모두 과세(원천징수된 10,560,000원 차감)하는 것으로 세금 신고는 마무리된다.

세금을 원천징수한다는 것은 미리 세금을 거두고 정산(종합소득세 신고)할 때 차감해 주겠다는 건데, 2025년에 지급받은 금액을 원천징수하고 나면 2026년에 정산을 해야 하는데 이미 2025년에 종합소득세 신고가 끝났으므로 더 이상 원천징수를 할 필요가 없게 된다. 따라서 2025년 1월부터 4월까지 지급한 영업권 가액도 원천징수를 할 필요가 없으며 2026년 지급하는 2억 4천에 대해서도 원천징수 의무가 없다.

– 자금 출처 명확화 및 세무조사 대비

자금 출처 소명은 돈의 출처(돈이 어디서 났는지)를 입증하는 것이다. 처음 사업을 시작할 때 자본금이 필요한데 그 자본금의 출처가 어디인지를 입증하는 것이다. 자금 출처로 인정되는 금액은 각종 세금 신고 후 세후 금액(세전 금액 아니다), 은행에서 빌린 경우 금융기관 차입금, 증여 신고된 금액이 있는 경우 증여 신고된 금액 등이 대표적으로 입증되는 금액이다. 특별한 경우가 아니라면 설립 시 자본금 때문에 단독으로 세무조사가 나오는 경우는 거의 없지만 자본금이 큰 경우에는 미리 준비해서 정기 세무조사 등에 대비해 놓는 것이 좋다. 특히 부동산을 매입(투기지역 부동산은 좀 더 주의를 요한다)해서 자가 사업장에서 사업을 시작하거나 초기에 기계장치나 인테리어 등 지출이 큰 경우에는 주의를 요한다. 부모님이나 자녀의 사업장 세무조사가 나온 경우에도 본인 자금 출처를 입증해야 할 때가 있다. 자금 출처를 입증하지 못하면 증여세가 과세되는 것으로 끝나지 않고 법인이나 개인사업장으로 확대되는 경우가 많기 때문이다. 국세청은 PCI 분석시스템[7], FIU 금융

---

7 소득 지출 분석 시스템이라고도 하며, 국세청에서 특정인의 세금 탈루액을 파악하고 세무조사 대상자를 선정하기 위해 도입된 시스템이다. 국세청에서 보유한 과세정보 자료를 토대로 일정 기간 동안 신고된 소득과 재산 증가 및 소비 지출액을 비교 분석한다.

정보분석원[8]이 금융회사로부터 받은 의심거래보고(STR)[9], 고액현금거래보고(CTR)[10]와 같은 거래 정보를 제공받아 자금 출처 조사를 하게 된다. 통장에 고액의 현금이 입출금되는 경우는 주의해야 한다. 하지만 일반적으로 천만 원이 넘는 현금 거래라도 이를 전수 조사할 수는 없으므로 보통 상속이 일어나는 경우 조사가 이뤄진다.

Q. 소득이 없는 미성년자인 자녀도 주주가 가능한가요?

미성년자인 자녀도 주주가 가능(부모의 동의)하지만 자본금 납입 여력이 보통은 없다. 증여를 했다면 세금이 없더라도(직계존비속 간 2천만 원 비과세) 증여세 신고는 하는 것이 좋다. 자금 출처를 명확히 하여 부모의 주식을 자녀 명의의 차명주식으로 오해받지 않도록 해야 한다. 다음의 기준금액 미만인 경우 자금 출처가 배제된다.

---

8 우리나라의 자금세탁방지기구(FIU)는 금융회사 등으로부터 자금세탁 관련 의심 거래를 수집·분석하여 불법거래, 자금세탁행위 또는 공중협박자금조달행위와 관련된다고 판단되는 금융거래 자료를 법집행기관에 제공하고, 금융회사 등의 의심거래 보고업무에 대한 감독 및 검사, 외국의 FIU와의 협조 및 정보 교류 등을 담당한다.

9 금융회사 등이 금융거래와 관련하여 수수한 재산이 불법재산이라고 의심되는 합당한 근거가 있거나 금융거래의 상대방이 자금세탁행위나 공중협박자금조달행위를 하고 있다고 의심되는 합당한 근거가 있는 경우 이를 금융정보분석원장에게 보고토록 한 제도이다.

10 금융회사 등이 일정 금액 이상의 현금거래를 금융정보분석원장에게 보고토록 한 제도이다. 동일 금융회사에서 동일인의 명의로 1거래일 동안 1천만 원 이상의 현금이 입금되거나 출금된 경우 거래자의 신원과 거래일시, 거래금액 등 객관적 사실을 전산으로 자동 보고토록 하고 있다. 따라서 금융회사 등이 자금세탁의 의심이 있다고 주관적으로 판단하여 의심되는 합당한 사유를 적어 보고하는 STR과는 구별된다.

▸ **자금 출처 배제 기준**

구분	취득 재산		채무 상환	총액 한도
	주택	기타 재산		
1. 세대주인 경우				
가. 30세 이상	1억 5천만 원	5천만 원	5천만 원	2억 원
나. 40세 이상	3억 원	1억 원		4억 원
2. 세대주 아닌 경우				
가. 30세 이상	7천만 원	5천만 원	5천만 원	1억 2천만 원
나. 40세 이상	1억 5천만 원	1억 원		2억 5천만 원
3. 30세 미만인 자	5천만	5천만 원	5천만 원	1억 원

- 개인기업 대 법인기업 비교

대한민국의 주요 세법은 단일세율을 적용하는 부가가치세를 제외하고 법인세, 소득세, 상속증여세 모두 이익이 많아지면 세율도 올라가는 누진세율 구조이다. 대부분의 절세는 누진세율을 분산하면서 실질과세 원칙에 위배되지 않도록 설계된다. 모두 법인에서만 가능하며 개인사업자는 누진세율을 피할 수 없다. 가공경비를 계상하는 경우 등은 탈세이므로 제외하고 설명하겠다.

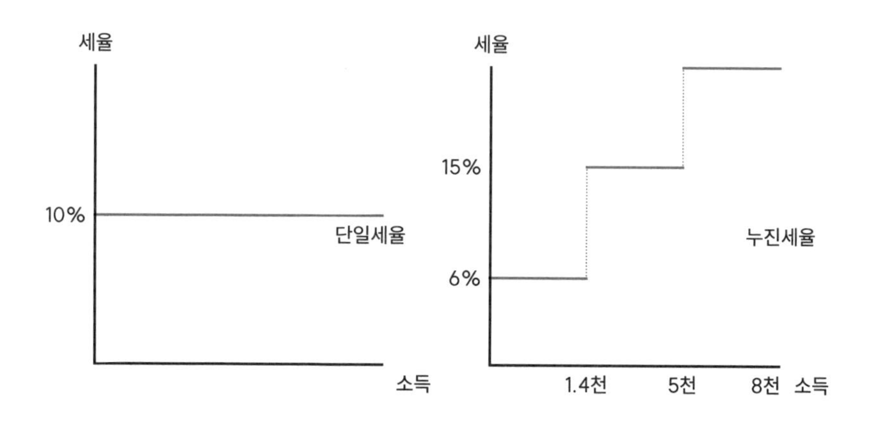

개인사업자는 과세기간 1년을 기준으로 그해 벌어들인 이익 전부에 대해서 과세한다. 벌어들인 이익 전부를 모두 과세했으므로 국세청은 대표자가 돈을 어떻게 쓰는지 관여하지 않는다. 흔히 개인사업자의 장점으로 “번 돈을 마음대로 쓸 수 있다.”라고 하는데 좀 더 정확히 말하면 “번 돈에 대한 세금을 남김없이 냈다.”라고 말할 수 있다. 건강보험료(이하 ‘건보료’라 한다)까지 포함하면 1.5억 이익이 났을 때 약 50%(7천)를 납부해야 한다.

줄이는 방법은 가공경비를 넣어 탈세하는 방법밖에는 없다. 가공경비를 넣어도 한동안 문제(세무조사)가 되지 않으니 어느 순간 탈세를 하고도 무감각해진다. 남들도 다 하는데…. 오히려 점점 더 욕심을 부린다. 결국 매출이 늘어나는 만큼 가공경비도 늘어난다. 국세청은 이미 가공경비를 알고 있다. 다만 순서가 오지 않은 것뿐이다. 가공경비 1억 원을 넣었다면 가산세 포함 대략 세금 1억 원을 추징당한다. 5년이면 5억 원이다. 여기서 끝나지 않는다. 건보료 4천만 원이 기다리고 있다. 금액이 크거나 자료상(가공세금계산서)을 통해 가공경비를 추가한 경우 조세범 처벌법에 따라 벌금과 징역형을 살 수도 있다.

공동사업으로 개인기업을 운영하는 경우가 있다. 이 경우 공동사업자를 각각 사업자(지분별로)로 보아 소득세가 계산(인별 분산)된다. 납세자 분산이 이루어져 누진세율이 낮아진다. 다만 법인의 주주와 달리 형식만 공동사업자인 경우 실질과세 원칙[11]에 위배되어 추가로 과세될 수 있다.

---

11 조세 부과 징수에 있어서 법적 형식과 경제적 실질이 다른 경우에는 경제적 실질에 따라 과세한다는 원칙이다. 즉, 납세자가 조세 회피 목적으로 귀속자, 거래 내용 등을 외관상 비합리적인 형식을 취한 경우 그 형식이 아닌 실질적인 거래를 판단해 과세하겠다는 내용이다.

Q. 법인은 법인세를 내고 남은 이익을 개인화할 때 소득세가 과세된다고 하던데 결국 개인기업이나 법인기업이나 세금은 같은 거 아닌가요?

법인은 법인세를 내고 남은 이익잉여금을 개인화하는 과정에서 개인 소득세를 납부해야 한다. 급여로 받는 경우에는 근로소득세, 배당으로 받는 경우에는 배당소득세, 퇴직으로 받는 경우에는 퇴직소득세로 과세된다. 이 과정에서 소득의 종류 분산이 이루어져 절세설계가 가능해진다. 추가로 세법에 위배되지 않는 범위 내에서 절세를 활용할 수 있다.

예를 들면 법인의 주주는 법인의 이익을 개인화할 때 배당을 받을 수 있다.

배당소득은 2천만 원까지는 14%로 과세[12]되고 건보료 8%도 부과되지 않는다. 2천만 원을 초과하는 경우 초과된 금액은 종합소득으로 과세되지만 다른 소득이 없는 경우 약 1.3억 원은 법인세 이중과세 조정[13]으로 14%의 세금만 납부하면 되며 건보료도 2천만 원은 부과되지 않는다.

그 외 본서의 많은 부분을 차지하는 절세 설계의 기능이 대부분 법인자금을 개인화하는 과정에서 일어난다. 개인기업은 고도화된 절세의 기능을 향유할 수 없다.

---

12 분리과세: 종합소득에 합산하지 않고 분리하여 과세하는 것을 의미한다. 배당소득이 2천만 원 이하인 경우 종합소득에 합산되지 않고 과세되기 때문에 고율의 누진세율을 적용받지 않는다.

13 Gross-up: 배당소득에 대한 이중과세 문제를 조정해 주기 위해 도입된 제도이다. 법인은 법인세를 납부한 후의 금액에서 배당을 하는데, 이때 배당을 받은 주주 역시도 소득세를 납부하여야 하기 때문에 이중과세 문제가 발생하는 것이다. 이중과세를 조정해 주기 위한 제도이기 때문에 내국법인이 법인세가 과세된 재원을 통하여 배당을 하고 이를 배당받은 주주가 해당 배당을 포함한 금융소득이 종합과세될 경우에 적용받을 수 있게 된다.

Q. 개인사업자가 법인보다 유리한 경우는 없나요?

세액감면이나 세액공제가 큰 경우와 소득세를 추계(추측해서 계산)로 신고하는 경우 유리할 수 있다. 예를 들면 청년이 수도권 과밀억제권역 밖에서 창업을 하는 경우 5년간 소득세를 100% 감면해 준다. 이 경우에는 이익 전부를 세금 없이 개인화할 수 있다. 세액감면과 세액공제가 큰 경우에는 초기에 개인사업자 형태를 고려해 볼 수 있다. 이 경우 주의해야 할 것은 100% 세액감면을 받는 경우 장부 관리를 소홀히 하거나 적격 증빙(세금계산서, 계산서 등)을 제대로 관리하지 않게 되면 건보료 폭탄을 맞을 수 있다. 건보료는 벌어들인 이익(보수월액)에 대해 과세하므로 납부할 세액이 0원이라도 건보료는 납부해야 한다. 건보료는 감면이 없다.

연금은 소득의 9%를 부담하는데 월 상한액이 약 5십만 원이다. 건보료는소득(보수월액)의 약 8%를 부담하는데 월 상한액이 약 9백만 원이다. 연금은 미래에 돌려받지만 건보료는 병원에 가는 것과 상관없이 돌려받지 못한다. 가끔은 세금보다 건보료가 더 부담된다. 본서에서는 절세와 관련된 4대보험 중 건보료만을 고려하도록 하겠다.

소득세 추계신고란 법인은 의무적으로 장부를 복식부기로 작성(자본금에서 설명했다)해야 하며 실제 발생한 경비만을 비용으로 인정해 준다. 반면에 개인사업자는 매출 규모에 따라 장부를 복식부기로 작성하지 않아도 되며 실제 발생한 경비가 아니라도 업종별 경비율을 인정해 준다. 전년도 매출에 따라 경비율이 적용된다. 경비율이 높은 경우를 단순경비율, 경비율인 낮은 경우를 기준경비율이라 이해하면 된다. 그러나 당해 연도 매출이 업종별 복식부기 해당 매출보다 큰 경우에는 전년도 매출과 상관없이 기준경비율을 적용받는다.

기준경비율과 단순경비율은 업종별로 차이는 있지만 대략 40%에서 60% 차이가 난다. 매출이 적으면 중요한 차이가 아니지만 매출이 큰 경우에는 세금에 미치는 영향이 크다. 단순경비율을 적용받기 위해 임의로 전년도 매출을 가공하는 것은 허용되지 않지만 사업 개시를 언제 할 것인지를 결정하는 것은 가능하다. 개인사업자의 세금 측면만을 고려한다면 사업 개시 시점이 1월보다는 12월에 가까운 경우(매출이 적다) 다음 연도 단순경비율 적용 확률이 산술적으로 높다.

요약하면 가능하면 법인기업으로 설립하고 사업 초기에 개인기업을 했더라도 3년 또는 5년 안에 법인 전환(CHAPTER 2. 창업감면 세액공제와 관련되어 있으므로 후술하겠다)을 검토해 보는 것이 좋다.

개인 부동산임대업은 세제 혜택이 거의 없다. 2024년 세법 개정으로 부동산임대업 법인의 법인세율 구간이 상향 조정(2억 이하 9% 구간이 없어지고 200억 이하까지는 19% 세율로 과세)됐다. 하지만 상속·증여 측면에서 법인이 유리한 측면이 있다. 가업 승계와 관련되어 부동산임대업을 개인으로 운영하고 있다면 승계 시 세제 혜택이 거의 없다. 부동산임대업을 법인 전환하는 경우 양도소득세 이월과세는 가능하다. 부동산임대업과 관련된 법인 전환은 가족법인과 법인 전환 부분에서 자세하게 설명하겠다.

▸ 법인세 세율

각 사업연도 소득		
과세표준	세율	누진 공제
2억 이하	9%	-
2억 초과 200억 이하	19%	2,000만 원
200억 초과 3,000억 이하	21%	42,000만 원
3,000억 초과	24%	942,000만 원

▸ **부동산임대업 법인세율***

각 사업연도 소득		
과세표준	세율	누진 공제
200억 이하	19%	2,000만 원
200억 초과 3,000억 이하	21%	42,000만 원
3,000억 초과	24%	942,000만 원

* 단, 지배주주 등 지분율이 50%를 초과하고,
상시근로자 수가 5인 미만인 경우 적용

▸ **소득세 세율**

과세표준	세율	누진공제
1,400만 원 이하	6%	-
1,400만 원 초과 5,000만 원 이하	15%	126만 원
5,000만 원 초과 8,800만 원 이하	24%	576만 원
8,800만 원 초과 15,000만 원 이하	35%	1,544만 원
15,000만 원 초과 30,000만 원 이하	38%	1,994만 원
30,000만 원 초과 50,000만 원 이하	40%	2,594만 원
50,000만 원 초과 100,000만 원 이하	42%	3,594만 원
100,000만 원 초과	45%	6,594만 원

▶ 상속·증여세 세율

과세표준	세율	누진공제
1억 원 이하	10%	
1억 원 초과 5억 원 이하	20%	1천만 원
5억 원 초과 10억 원 이하	30%	6천만 원
10억 원 초과 30억 원 이하	40%	1억 6천만 원
30억 원 초과	50%	4억 6천만 원

▶ 보험료 부과 기준

<table>
<tr><th>보험료</th><th>대상</th><th>산정기준</th><th>보험료 상한액</th></tr>
<tr><td rowspan="2">국민연금보험료</td><td>사업장가입자</td><td>월 농·임·어업·근로·사업소득</td><td rowspan="2">553,000원</td></tr>
<tr><td>지역가입자</td><td>월 근로소득</td></tr>
<tr><td rowspan="2">건강보험료</td><td>직장가입자</td><td>① 월 근로소득
② 근로소득 외의 소득:
2,000만 원 초과분</td><td rowspan="2">9,008,340원</td></tr>
<tr><td>지역가입자</td><td>① 소득
-이자·배당·사업·기타소득:
100%
-근로·연금소득: 50%
② 재산
-집·건물·토지: 100%
-전세·월세보증금: 30%</td></tr>
</table>

▸ **건강보험료 피부양자 요건**

전체 소득 기준	이자, 배당, 근로, 연금, 사업, 기타소득의 합이 2천만 원 이하. 소득 합산 시 금융소득이 1천만 원 이하면 소득에 합산하지 않는다.
사업 소득 기준	사업자등록: 사업소득 발생 시 자격 상실 사업자 미등록: 500만 원 이상 소득 발생 시 자격 상실 단, 주택 임대업은 소득 발생 시 자격 상실
재산 요건	재산세 과세표준 5억 4,000만 원 이하
	재산세 과세표준 5억 4,000만 원 초과 9억 이하 → 연간 소득 1,000만 원 이하

▸ **장부작성 기준과 경비율 기준**

	복식부기 의무자	**간편장부 대상자**	**기준경비율 대상자**	**단순경비율 대상자**
도매 및 소매업	3억 원 이상	3억 원 미만	6천만 원 이상	6천만 원 미만
제조업, 숙박 및 음식점업	1억 5천만 원 이상	1억 5천만 원 미만	3천6백만 원 이상	3천6백만 원 미만
부동산업, 전문과학 및 기술서비스업	7천5백만 원 이상	7천5백만 원 미만	2천4백만 원 이상	2천4백만 원 미만

▶ **업종별 경비율**

	단순경비율	기준경비율
도매 및 소매업	평균 85.5	평균 12.5
부동산업	평균 75.3	평균 20.5
제조업	평균 87.7	평균 12.6
전문, 과학 및 기술서비스업	평균 79.5	평균 20.8
숙박 및 음식점업	평균 83.1	평균 14.6

2

정관

– 원시 정관의 역할과 중요성

법인 설립 시 사업자등록증을 발급받기 위해 최초로 작성한 정관이 원시 정관이다. 정관은 보통 법인에서 직접 작성하지 않고 법인등기 업무를 맡은 법무사들이 가지고 있는 기본 정관을 제출하게 된다. 회사의 설립이 무효가 되는 사항은 정관의 절대적 기재 사항이다. 법무사들은 법인이 설립 과정에서 절차적 문제가 없도록 절대적 기재 사항에 관하여 정확하게 정관을 작성한다. 상대적 기재 사항은 설립 무효 원인이 아니고 회사마다 다르다. 특별히 요청하지 않는 경우 기본 정관에 있는 사항만 정관에 반영하여 법인 설립을 진행한다. 절대적 기재 사항은 모두 법인 등기부등본에 등기해야 한다. 상대적 기재 사항이라 하더라도 등기를 해야 하는 사항들이 있다. 대표적으로 주식매수선택권, 종류 주식의 발행, 주식 양도의 제한 등이 있다.

– 법인 운영을 고려한 정관 작성법

정관은 법인의 자치법규를 규정한 서면이다. 법인의 운영 규칙이다. 정관은 강행 법규 내에서 다른 법률에 우선한다. 정관은 크게 회사의 설립이 무효가 되지 않도록 반드시 기재되어야 하는 절대적 기재 사항과 기재하면 효력이 있는 상대적 기재 사항으로 나눌 수 있다.

상대적 기재 사항은 정관에 기재가 되어야 효력이 발생한다. 등기 사항인 경우 등기를 해야 효력이 발생한다. 현재 또는 장래에 법인에 필요한 모든 사항을 기재해 놓는 것이 좋다. 대표적으로 정관의 상대적 기재 사항에 임원의 보수와 상여 퇴직금 규정이 있어야 임원에게 지급 시 지급 근거가 되고 비용처리가 가능하다. 주의할 점은 정관은 외부(은행, 투자자 등)에 공개하는 경우가 있으니 회사의 기밀 사항인 임원의 보수, 상여금 지급 규정은 정관으로 규정만 하고 주주총회에 위임하는 것이 바람직하다. 또한 임원과 관련하여 상여, 퇴직금 규정은 적용받는 임원의 범위를 구체적으로 한정하여야 한다. 예를 들면 "임원 상여금 규정 중 본 규정은 대표이사, 이사, 감사에 대하여 적용되며 이 규정의 적용 대상이 되는 임원은 법인등기부상 등재되어 있는 이사 및 감사를 말한다."처럼 구체적으로 한정하여야 한다.

임의적 기재 사항은 정관에 미기재 시 효력은 없으나 정관에 기재한 경우 효력이 있다. 주로 일반적 절차(주주총회, 이사회)와 같은 사항이다.

Q. 정관의 절대적 기재 사항도 정비해야 하나요?

정관의 절대적 기재 사항은 설립과 관련되어 있는 사항으로 변경 사항이 있는 경우에만 변경 등기 해 주면 된다.

주식의 양도 제한 규정은 주식 양도와 관련하여 이사회 승인을 얻도록 하는 규정이다. 명의신탁 주식이 있는 경우 또는 적대적 소액주주 등이 있는 경우 타인에 대한 주식 양수도 등으로 법인의 운영에 곤란한 상황(적대적 M&A, 경영권 분쟁)이 발생하는 것을 통제하기 위함이다. 주식의 양도 금지는 주주의 재산권을 침해하는 것이므로 양도를 금지하는 것이 아니라 제한하는 규정이다. 일정 기간 내에 양수자를 지정하거나 법인에서 매수해야 한다. 법인이 매수 등의 의사표시가 없으면 양도하려는 주주는 매수 지정을 하지 않은 타인에게 양도 가능하다.

- 절세에 유리한 정관 조항 설계

자기주식 취득에 관한 사항은 상법이 개정되어 비상장기업도 가능하게 되었다. 상법상 자기주식 취득이 가능하므로 정관에 기재하지 않아도 될 것 같지만 정관에 기재하지 않으면 권리 행사(주식 양도, 소각)를 하지 못한다. 자기주식을 이익으로 소각할 수 있다는 내용이 반드시 정관에 기재되어 있어야 한다. 자기주식을 이익으로 소각할 수 없는 경우에는 자본금 한도 내에서 소각이 가능하다. 처음 사업을 시작할 때 종잣돈인 자본금은 그 액수가 크지 않다. 영업 활동을 통한 이익이 누적된 금액(이익잉여금)이 액수가 크다. 법인 돈을 인출할 때 곳간을 큰 곳으로 지정해 놓는다는 의미이다. 신주인수권, 주식매수선택권 같은 의미로 권리 행사를 위해서는 모두 정관에 기재되어 있어야 한다.

배당에는 정기배당과 중간배당이 있는데 정기배당은 결산이 끝나고 재무제표가 확정되는 시점에 하는 배당이고 중간배당은 정기배당 외 추가로 하는 배당을 말한다. 임원 급여 설계를 하다 보면 중간배당이 필요한 경우가 있다. 정관에 중간배당을 할 수 있다는 것을 기재해 놓아야 중간배당이 가능하다.

정관을 검토하다 보면 원시 정관이 아닌데도 불구(외부 컨설팅을 받은 경우)하고 보수계약서와 상여금이 얼마부터 얼마까지 상한과 하한을 구분한 정도에 그치는 경우가 많다. 단순히 상한과 하한을 정했다고 보수 지급이 인정되는 것이 아니다. 기왕에 보수 상여 규정을 갖추어 놓았다면 세무 리스크가 없도록 정확하게 정비하는 것이 좋다.

예를 들면 임원 상여금 규정에 "당사는 전년도 순이익 50% 범위 내에서 성과에 따라 해당 임원에게 성과상여금을 지급한다."와 같이 구체적인 지급 규정을 만들어 놓아야 한다.

임원 퇴직금 규정도 마련해 놓아야 한다. 주의할 점은 세법상 비용이 인정되는 임원 퇴직금 한도액이 직원의 2배(퇴직금 계산식은 차이가 있지만 이해의 편의를 위해 직원의 2배라 했다)라고 해서 2배수로 한도를 정하면 불이익을 보는 경우가 발생할 수 있다. 예를 들어 퇴직금 지급 규정에 임원 퇴직금 한도를 2배수로 정해 놓게 되면 2배수를 초과하여 지급한 퇴직금은 업무 무관 가지급금이 되어 임원에게 초과하여 지급한 퇴직금을 회수해야 한다.

Q. 한도 설정을 2배수 이상으로 설정해도 세법상 한도액이 기준 아닌가요?

임원 퇴직금 한도를 3배수로 설정하고 3배수를 지급했다고 가정하면 세법상 지급된 2배수는 퇴직금으로 인정되고 2배수를 초과해서 지급한 금액은 퇴직금이 아니라 근로소득으로 과세된다. 퇴직금 지급 규정 한도(3배수) 내에서 지급했기 때문에 초과 지급된 금액은 퇴직금이 아니라 근로소득으로 과세되고 회사는 비용 처리가 가능하다.

정관의 상대적 기재 사항은 기재되어 있지 않으면 외부에 효력이 없으므로 세금과 매우 밀접하다. 꼼꼼하게 관리하고 세법이나 상법의 개정이 있는 경우 정관에 해당 사항이 있다면 정관도 갱신해 주고 공증도 받아 두는 것이 좋다.

Q. 임원에 대한 퇴직금 중간정산은 할 수 없나요?

무주택자인 임원이 주택을 구입하는 경우 가능하다. 법인이 임원 또는 직원에게 지급하는 퇴직급여는 임원 또는 직원이 현실적으로 퇴직하는 경우에 지급하는 것에 한하여 이를 비용(손금)에 산입한다. 현실적인 퇴직은 법인이 퇴직급여를 실제로 지급한 경우로서 정관 또는 정관에서 위임된 퇴직급여지급규정에 따라 중간정산일 현재 1년 이상 주택을 소유하지 아니한 세대의 세대주인 임원이 주택을 구입하려는 경우(중간정산일부터 3개월 내에 해당 주택을 취득하는 경우만 해당한다)를 포함한다.

▸ **관련 예규**

[제목] 임원 퇴직금 중간정산액의 손금산입 여부

[질의 내용] 1년 이상 무주택 세대주인 임원이 주택취득 목적으로 퇴직급여를 중간정산 후, 주택 취득 후 남은 금액으로 가지급금 상환 시 손금산입 가능 여부

[회신] 임원이 주택취득 목적으로 퇴직급여를 중간정산한 후 중간정산금 중 일부 금액으로 주택을 취득한 경우 퇴직금 중간정산액 전액을 손금에 산입하는 것입니다. 퇴직급여 중간정산일을 기준으로 1년 이상 무주택 세대주인 기업의 임원이 주택취득 목적으로 퇴직급여를 중간정산한 후 중간정산금 중 일부 금액으로 주택을 취득한 경우에는 법인세법 시행령 제44조제1항·제2항 및 같은 법 시행규칙 제22조제3항 제1호에 따라 퇴직금 중간정산액 전액을 손금에 산입하는 것입니다.(서면법규법인 2022-5564 2024.02.29.)

[제목] 임원이 그 배우자와 함께 주택을 부부 공동명의로 구입하기 위해 퇴직급여를 중간정산할 수 있는지 여부

[질의 내용] 내국법인이 정관 또는 정관에서 위임된 퇴직급여지급규정에 따라 임원의 퇴직급여를 중간정산하여 지급함에 있어 중간정산일 현재 1년 이상 주택을 소유하지 아니한 세대의 세대주인 임원이 그 배우자와 함께 공동명의로 중간정산일부터 3개월 내에 주택을 구입하는 경우 「법인세법 시행규칙」 제22조제3항제1호를 적용할 수 있는지 여부

[회신] 내국법인이 부부 공동명의로 주택을 취득하는 임원에게 퇴직급여를 중간정산하여 지급하는 경우 해당 퇴직급여에 대해 법인령§44②(5) 및 법인규칙§22③(1)를 적용하여 손금산입할 수 있음.(서면법령해석법인2021-1320 2021.05.20.)

▸ **임원보수 규정**

제1조 [목적]

본 규정은 당사의 임원보수 지급에 관한 사항을 규정함을 목적으로 한다.

제2조 [적용 범위]

① 본 규정은 대표이사, 이사, 감사에 대하여 적용한다.

② 본 규정의 적용대상이 되는 임원이라 함은 등기부상 등재되어 있는 이사 및 감사를 말한다.

③ 단, 임원에 준하는 대우를 받더라도 별도의 계약에 의하여 근무하는 자는 그 별도의 계약에 의한다.

제3조 [지급 대상 범위]

이 규정에 의한 보수액이 확정되는 시점에 근무하는 임원에 한하여 지급한다.

제4조 [보수의 대상 기간 및 구성]

당사 임원의 보수는 매년 1월 1일부터 12월 31일까지를 그 대상 기간으로 하며, 정기 보수로 구성된다.

제5조 [임원의 보수 한도]

직책	보수 한도	비고
이사/감사	10억 원	퇴직금, 유족보상금은 제외

제6조 [보수의 지급 방법]

① 정기보수의 계산은 기본급과 수당으로 구성되며, 월 단위로 지급한다.

② 매년 이사회결의(이사회가 없는 경우에는 주주총회)에 의하여 그 금액을 확정하여 보수계약서에 포함하여 기재한다. 다만, 연도 중에 잔여기간에 대한 정기급여의 변동사항이 있는 경우에는 이사회 결의에 의하여 보수계약서를 수정 작성한다.

③ 보수는 통화로 본인에게 지급한다.

제7조 [규정의 개폐]

이 규정의 개폐는 주주총회의 결의에 의한다.

▸ **임원상여금 규정**

제1조 [목적]

본 규정은 당사의 임원의 상여금 지급에 관한 사항을 정함을 목적으로 한다.

제2조 [적용 범위]

① 본 규정은 대표이사, 이사, 감사에 대하여 적용한다.

② 이 규정의 적용이 되는 임원이라 함은 등기부상 등재되어 있는 이사 및 감사를 말한다.

제3조 [지급 대상 범위]

이 규정에 의한 보수액이 확정되는 시점에 근무하는 임원에 한하여 지급한다.

제4조 [정기상여금]

당사 임원의 상여금은 기본 연봉의 300% 범위 내에서 직급에 따라 연 2회 이상 시기를 정하여 분할하여 정기상여금을 지급할 수 있다.

제5조 [성과상여금]

① 당사는 전년도 순이익 50% 범위 내에서 성과에 따라 해당 임원에게 성과상여금을 지급할 수 있다.

② 지급 시 이사회 결의에 의하여 그 금액을 확정한다.

제6조 [성과상여금의 확정 시기]

성과상여금은 본 규정 제5조 ②항에 의한 이사회의 승인 가결된 날에 확정된 것으로 한다.

제7조 [성과상여금의 지급 시기]

성과상여금은 본 규정 제6조에 의해 확정된 날로부터 3개월 이내에 지급하여야 한다.

제8조 [규정의 개폐]

이 규정은 주주총회결의에 의해서만 개폐가 가능하다.

▸ 임원퇴직금 지급 규정

제1조 [목적]

이 규정은 회사의 임원들이 퇴직할 경우 지급되는 퇴직금의 기준과 절차를 정함으로써, 임원들의 정당한 퇴직금 지급을 보장하고, 회사의 임원 관리에 대한 투명성을 확보하는 것을 목적으로 한다.

제2조 [적용 대상]

이 규정은 회사의 임원(대표이사, 사내이사, 사외이사 등)에 대하여 적용된다.

제3조 [퇴직금의 지급 기준]

① 퇴직금은 임원이 회사에서 근무한 기간과 마지막 직급을 기준으로 산정된다.

② 퇴직금 지급의 기준은 퇴직일 기준으로 직전 3개월 동안의 평균 월 급여를 기준으로 산정한다.

제4조 [퇴직금 산정 방법]

① 퇴직금은 퇴직일을 기준으로 한 최종 근무일 이전 3개월의 평균 임금을 기준으로 산정된다.

② 퇴직금 지급액은 평균임금×근속연수로 계산된다.

제5조 [퇴직사유별 퇴직금 지급]

① 임원이 자발적으로 퇴직한 경우, 퇴직금은 상기 규정에 따른 산정 방식에 의해 지

급된다.

② 회사의 경영 악화 등으로 임원이 해임된 경우에도 퇴직금은 상기 산정 기준을 따른다.

③ 기타 특별한 사유로 임원이 퇴직하는 경우, 회사는 퇴직금 지급 여부를 별도로 결정할 수 있다.

제6조 [퇴직금 지급 시기]

퇴직금은 임원의 퇴직일로부터 30일 이내에 지급한다. 단, 퇴직 후 일정 기간 동안 발생한 문제를 해결하는 데 시간이 필요한 경우, 지급 시기가 연장될 수 있다.

▸ 법인등기부등본과 등기 사항

1. 목적
2. 상호
3. 회사가 발행할 주식의 총수
4. 액면주식을 발행하는 경우 1주의 금액
5. 본점의 소재지
6. 회사가 공고를 하는 방법
7. 자본금의 액
8. 발행주식의 총수, 그 종류와 각종 주식의 내용과 수
9. 주식의 양도에 관한 제한
10. 주식매수선택권
11. 지점의 소재지
12. 회사의 존립 기간 또는 해산 사유를 정한 때에는 그 기간 또는 사유
13. 자기주식 소각 시 이익으로 소각할 수 있다는 규정
14. 전환주식을 발행하는 경우 상법 347조 전환주식발행의 절차

15. 사외이사 등 그 밖에 상무에 종사하지 아니하는 이사 등의 성명과 주민등록번호
16. 대표이사의 성명, 주민등록번호 및 주소
17. 둘 이상의 대표이사 또는 대표집행임원이 공동으로 회사를 대표할 것을 정한 경우에는 그 규정
18. 명의개서대리인을 둔 때에는 그 상호 및 본점 소재지
19. 감사위원회를 설치한 때에는 감사위원회 위원의 성명 및 주민등록번호

▶ **절대적 기재 사항 전문과 상대적 기재 사항**

절대적 기재 사항	상대적 기재 사항
1. 목적 2. 상호 3. 회사가 발행할 주식의 총수 4. 액면주식을 발행하는 경우 1주의 금액 5. 회사의 설립 시에 발행하는 주식의 총수 6. 본점의 소재지 7. 회사가 공고를 하는 방법 8. 발기인의 성명, 주민등록번호, 주소	1. 변태설립사항(재산인수, 현물출자, 발기인의 특별이익 및 보수, 설립비용) 2. 임원 보수, 상여 및 퇴직금 규정 3. 중간배당 4. 현물배당 5. 주식매수선택권(스톡옵션) 6. 종류주식 발행 7. 주주 외의 자에게 전환사채 발행

▶ 주주총회 결의 사항

주주총회 특별결의 사항	주주총회 보통결의 사항
1. 정관 변경 2. 주식의 분할 3. 주식의 액면 미달 발행 4. 주식매수선택권 부여(정관 기재 사항) 5. 영업의 전부 또는 중요한 일부의 양도 6. 영업 전부의 임대 또는 경영위임, 타인과 영업의 손익 전부를 같이 하는 계약, 그 밖에 이에 준하는 계약의 체결&변경 또는 해약 7. 회사의 영업에 중대한 영향을 미치는 다른 회사의 영업 전부 또는 일부의 양수 8. 유상감자 9. 회사의 해산 및 계속	1. 재무제표의 승인 2. 자기주식의 취득 3. 이사, 감사 선임 및 보수에 대한 결정 4. 청산의 종결의 승인

▶ 소규모 회사(자본금 10억 원 이하)의 경우 주주총회 관련 특례 규정

소규모 회사의 경우 주주총회 관련 특례 규정
1. 주주총회 10일 전까지 소집 통지 가능 2. 주주총회 소집 절차 생략을 주주 전원이 동의할 경우, 소집 절차 생략 가능 3. 주주 전원 서면 결의 가능(단, 의사록 작성 및 등기를 해야 한다)

▸ 이사회 결의 사항

이사회 결의 사항
1. 대표이사의 선임
2. 지점, 사무소 설치 및 폐쇄
3. 자금의 차입
4. 중간배당
5. 주식의 양도 승인
6. 전환사채, 신주인수권부사채 발행
7. 대표 집행임원 선임 및 준법지원인 임명
8. 이사회 의장 선임
9. 이사회의 결의로 이익배당을 할 수 있다고 정관으로 정하는 경우, 자기주식 취득
10. 신주 발행

▸ 소규모 회사의 이사가 수행하는 '이사회'의 기능

자본금 총액 10억 원 미만인 소규모 회사 → '이사회'의 기능을 각 이사(정관에 의한 대표이사가 있을 경우 대표이사)가 수행.
1. 이사회 결의에 의하여 자기주식을 소각하는 경우
2. 종류주식 발행 시 주주 및 권리자에 대한 이사회의 통지 의무
3. 이사회 총회 소집 결정
4. 주주제안에 관한 이사회의 결정 등
5. 소소주주의 이사회에 대한 임시주주총회 소집 청구
6. 전자적 방법 의결권 행사에 대한 의사회 결의 사항
7. 중요자산 처분, 지배인 선임 및 해임 등 회사의 업무

CHAPTER 2.

창업 초기 절세 및 정책자금 활용

창업 초기에는 인적, 물적 자원이 풍부하지 않다. 개인의 역량이 뛰어나 판매처를 일정 부분 확보한 상태에서 사업을 시작한다면 고정 매출이 가능하므로 사업 초기에 재정적 어려움이 적을 수 있다. 대부분의 신규 창업은 판매처 확보가 안 된 상태이기 때문에 창업 초기의 한정된 자원을 선택하고 집중하는 전략이 필요하다.

1

정책자금의 종류와 활용

정책자금에는 정부지원사업(이하 '정부지원금'이라 한다), 보조금, 정책자금기관 대출(이하 '정책대출'이라 한다)이 있다. 은행은 재무적 요소(재무제표)와 담보 그리고 보증서를 기준으로 대출을 승인한다. 정책자금기관은 일부 담보도 보지만 재무적 요소(재무제표)와 비재무적 요소(기업부설연구소, 특허, 인증)를 기준으로 대출과 보증을 승인한다. 정책대출을 신청할 때 비재무적 요소를 잘 준비해야 한다. 창업 초기부터 비재무적 요소를 준비해야 한다.

창업 초기에는 요건만 갖추면 자금이 무상으로 지원되는 보조금과 정책대출에 집중하는 것이 효율적이다. 정책대출은 이자와 원금을 상환하여야 한다. 정부지원금은 상환을 하지 않으므로 그만큼 문턱이 높다.

– 청년일자리 등 고용지원금 활용법

직원이 필요해도 인건비와 4대보험이 부담스러워 직원을 뽑기가 망설여진다. 이때 일정 요건만 충족되면 정부에서 무상으로 지원되는 자금이 보조금이다. 청년일자리도약장려금은 만 15세~34세 이하의 취업 애로 청년을 정규직 채용 시 인건비를 지원하는 사업이다. 2년간 인당 1천2백만 원(1년 7백2십만 원, 2년 근속 시 4백8십만 원 추가 지원)을 현금으로 지원해 준다. 고용보험 피보험자 수가 5인 이상인 중소기업이 요건이지만 지식서비스, 미래 유망업종, 문화콘텐츠, 신재생에너지산업, 청년창업기업(39세 이하, 7년 미만 기업) 등은 5인 미만 기업도 가능하다. 또한 고용증대 세액공제를 통해 세금도 공제해 준다. 초기엔 이익이 나지 않아 세액공제를 못 받더라도 소멸하지 않고 10년간 이월되어 공제를 받을 수 있다. 신규 직원 채용이 늘면 정책자금 심사 시 가점을 받을 수 있다.

2024년 7월 세법 개정안 내용에 통합고용세액공제 지원 확대 및 유형별 지원 방식을 개편하려 했으나 국회를 통과하지 못했다. 수도권 과밀억제권역 기업이 신규로 청년 등을 채용하는 경우 기존 1천4백5십만 원(2년간 2천9백만 원)에서 2천2백만 원(2년간 4천4백만 원)으로 세액공제를 상향하고 공제 후 2년 내 상시근로자가 줄어드는 경우 공제액 상당분을 추징했던 사후관리도 폐지하려 했지만 국회를 통과하지 못했다. 신규 취업과 신규 고용이 활발해져 경제가 나아질 수 있도록 단계적으로라도 금액을 상향하고 사후관리도 악용하는 업체만 규제할 수 있도록 입법을 보완해서 세법이 개정되었으면 한다.

– 정책대출 기관의 대출 활용

창업 초기에는 운영자금이 부족하다. 시중 은행보다는 정책기관이 대출한도와 금리에서 유리하다. 처음 정책대출을 신청하려고 하면 뭐부터 준비해야 할지 막막하다. 일단 용어가 어렵다. 하지만 처음 접하는 용어들이 많아 이해하기가 쉽지가 않다. 본서의 내용만 이해하면 안내 책자를 보는 데 어렵지 않을 것이다. 정책대출 안내는 기관별로 해당 사이트(네이버에 소상공인진흥공단, 신용보증기금, 기술보증기금, 중소벤처기업진흥공단 검색)에 자세하게 안내되어 있다.

우선 직접 대출이란 정책대출 기관에서 직접 자금을 대출해 주는 것을 말한다. 소상공인진흥공단(이하 '소진공'이라 한다)과 중소벤처기업진흥공단(이하 '중진공'이라 한다) 두 곳이 있다.

보증서 발급이란 기관에서 직접 대출을 해 주는 것이 아니라 은행이 대출을 할 수 있도록 보증서를 발급해 주는 것을 말한다. 은행이 부동산을 담보로 대출을 승인하는 것과 같이 기관의 보증서가 담보 역할을 해 주는 것이다. 은행은 보증서라는 담보가 제공되었으므로 대출이 가능하다. 대표적으로 신용보증기금(이하 '신보'라 한다)과 기술보증기금(이하 '기보'라 한다)이 있다.

대리 대출이란 소진공이나 중진공에서 직접 대출해 주지 않고 금리와 만기를 우대하는 확인서를 발급해 주는 것을 말한다. 보증서는 부동산과 같은 담보력이 있지만 확인서는 담보력이 없다. 은행은 담보가 없으므로 대출을 승인해 주지 않는다. 결국 신보나 기보와 연결해 보증서를 발급받아야 담보력이 생겨 은행 대출이 가능하다.

상시 직원을 기준으로 5인 미만의 기업은 소진공 자금을 신청하고 5인 이상은 중진공 자금을 신청한다. 일부 업종이나 유망업종, 수출하는 기업 등은 직원 수와 관계없이 신청이 가능하기도 하다. 은행은 재무제표와 같은 정량적 지표(수치로 측정한 지표)와 부동산과 같은 담보가 대출에 있어 중요한 요건이다. 정책대출 기관은 재무제표와 같은 정량적 지표도 중요하지만 비재무적 요소인 정성적 지표가 중요하다. 정성적 지표는 경영능력(대표자의 학력, 경험)과 사업의 성장성(기술성) 등을 본다. 사업의 성장성을 가장 잘 보여 주는 것이 사업계획서다. 사업계획서를 증명하는 대표적인 것이 기업부설연구소, 특허, 벤처인증이다. 정부지원금과 정책대출 모두 사업계획서와 인증이 중요하다.

소진공, 기보, 신보, 중진공은 중소기업을 대상으로 한다. 본인 기업이 창업에 해당하는지도 중요하다. 중소기업은 소기업 120억 원 이하, 중기업은 1,500억 이하이다. 소상공인은 제조는 10인 미만, 비제조는 5인 미만이다. 중소기업확인서(기업의 형태 확인), 창업기업확인서(실질 창업 확인), 중소기업기준검토표(매출, 주업종 판단)로 창업과 중소기업 여부를 확인하면 된다.

요약하면 소진공과 중진공은 직접 대출을 해 주고 신보와 기보는 보증서를 발급해 준다. 은행, 소진공, 신보, 기보, 중진공 모두 기업부설연구소, 벤처 인증, 특허를 우대해 준다. 은행에서 대출을 받는 경우에도 관련 인증 자료를 제출(TCB 평가)하여 유리한 조건으로 대출을 받을 수 있다. 일자리 창출을 많이 한 기업과 수출기업은 모든 정책대출 기관이 좋아한다.

대출을 신청하는 경우 단순히 매출이 높고 영업이익이 크다고 해서 승인되는 것은 아니다. 물론 매출과 영업이익도 중요하지만 기업의 신용(대표자의 신용도 중요하다)과 사업성, 기술력 등 여러 항목을 심사한다. 2018년 4월 연대보증 폐지 후 책임경영 이행 약정[14]이 중요해졌다. 약정서에 기재된 내용을 준수하여 경영해야 한다. 약정을 위반하는 경우 기간의 이익을 상실하여 상환 조치를 당할 수 있고 연장이 안 될 수도 있다. 주요 보증 상담 거절 사유 중 하나이다.

재무제표 항목 중 대출과 관련 있는 항목은 기업의 재무 위험(재무건 정성)을 나타내는 항목이므로 대출과 관련이 없더라도 잘 관리하는 것이 중요하

---

14 보증기관의 보증서 대출 시 체결하는 약정으로 2018년에 폐지된 연대보증제도를 대체하는 제도이다. 경영주의 도덕적 해이를 방지하고, 기업의 재무 건전성 및 투명성을 보증하기 위하여 사용된다.

다. 전기 대비 변동이 크거나 기말 잔액이 큰 항목은 중요도에 따라 추가 검토 관리가 필요하다. 전산이 발달하여 대출기관에서도 기업의 정보를 확인할 수 있다. 제출한 재무제표 계정과 장·단기 분류도 정확해야 재무제표의 신뢰성을 확보할 수 있다. 재무제표를 살펴보기 전에 CHAPTER 1. 자본금에서 대차대조표를 검토했다(기억이 나야 한다). 추가로 손익계산서를 설명한 후 대출 관련 항목 및 비율을 설명하도록 하겠다. "하얀 건 종이요, 검은 건 글씨로다." 손익계산서와 대차대조표를 보면서 이러면 안 된다.

이해의 편의를 위해 부가가치세는 고려하지 않았다.

CHAPTER 1. 자본금에서 우리는 종잣돈 5천만 원과 은행에서 빌린 돈 5천만 원으로 식당을 개업했다. 업종은 치킨 가게로 해 보자.

(차변) 현금 50,000,000원 **(대변) 자본금 50,000,000원**
(차변) 현금 50,000,000원 **(대변) 차입금 50,000,000원**

자산 현금(자산 항목) 1억 원	부채 (타인자본) 차입금(부채 항목) 5천만 원
	자본 (자기자본) 자본금(자본 항목) 5천만 원

대차대조표(B/S)

개업해서 열심히 일한 결과는 다음과 같다.

2025년 1월 2일 마리당 만 원 닭을 천 마리(천만 원) 샀다. 천 마리 중 백 마리는 외상(백만 원)으로 샀고 9백 마리(9백만 원)는 현금으로 샀다.

2025년 1월 31일 천 마리를 2천만 원에 팔았다. 완판이다. 천 마리 중 1백 마리(2백만 원)는 외상으로 팔았다.

장부에 작성해 보겠다. 이것만 이해하면 된다.

2025년 1월 2일

(차) 상품(자산의 증가) 10,000,000원	(대) 현금(자산의 감소) 9,000,000원
	외상매입금(부채의 증가) 1,000,000원

2025년 1월 31일

(차) 현금(자산의 증가) 18,000,000원	(대) 매출 20,000,000원
	외상매출금(자산의 증가) 2,000,000원
(차) 비용 10,000,000원	(대) 상품(자산의 감소) 10,000,000원

매출이 대변 항목에 기재되는 이유는 무엇일까? 30초만 고민해 보자!

매출(이익)이 발생하면 자산이 증가하고 부채가 감소하기 때문이다. 매출이 2천만 원 발생하니 현금 1.8천만 원과 외상매출금(매출채권)이 2백만 원 증가한 것이다.

반대로 비용이 차변 항목에 기재 되는 이유는? 30초만 고민해 보자!

비용(손실)이 발생하면 자산이 감소하고 부채가 증가하기 때문이다. 비용(매출원가)이 1천만 원 발생하니 상품(닭) 자산이 1천만 원 감소했다.

이를 표로 나타내면 다음과 같다.

매출 20,000,000원
- 비용 10,000,000원
이익 10,000,000원

치킨 가게의 영업활동은 치킨을 파는 것이다. 영업활동으로 발생한 이익을 영업이익이라 한다.

여기까지 완성된 대차대조표는 다음과 같다.

자산	부채 (타인자본)
현금 1억 9백만 원 외상매출금 2백만 원	차입금 5천만 원 외상매입금 1백만 원
	자본 (자기자본) 자본금 5천만 원 영업이익 1천만 원

대차대조표(B/S)

한 단계만 더 나아가 보자!!! 영~차!!! 영~차!!!

연말(2025년 12월 31일)에 은행에서 빌린 돈(차입금)에서 이자가 백만 원 발생했다.

2025년 12월 31일

(차) 이자비용 1,000,000원	(대) 현금(자산의 감소) 1,000,000원

이자 비용은 치킨집의 영업활동과 관련 없는 비용이므로 영업외비용이라 한다.

이제 손익계산서가 완성됐다!!!

매　출	2천만 원
- 비　용	1천만 원
이익(영업이익)	1천만 원
- 비용(영업외비용)	1백만 원
당기순이익	**9백만 원**

손익계산서(I/S)

손익계산서는 영어로 Income Statement라 한다. 앞으로 줄여서 'I/S'라 하겠다.

최종 대차대조표(B/S)는 다음과 같다

자산 현금 1억 8백만 원 외상매출금(매출채권) 2백만 원	**부채 (타인자본)** 차입금 5천만 원 외상매입금(매입채무) 1백만 원
	자본 (자기자본) 자본금 5천만 원 당기순이익(이익잉여금) 9백만 원

대차대조표(B/S)

자산(110,000,000원)은 부채(51,000,000원)+자본(59,000,000원)이다.

손익계산서와 대차대조표를 합해서 재무제표라 부른다.

지금까지 재무제표에 대해서 최대한 쉽게 설명하였다. 부가가치세를 고려하지 않았고 결산도 하지 않았다. 계정과목도 복잡한 계정은 생략하고 쉬운 계정으로만 설명했다. 하지만 위에서 설명한 내용만 본인 것으로 만들어도 본서를 읽거나 재무제표를 보는 데는 충분하다. 상당히 많이 남는 장사다. 이해가 되지 않는 독자분들은 한 번 더 정독하시기 바란다.

지금까지 배운 개념을 토대로 재무위험을 나타내는 비율과 항목을 살펴보겠다. 유동·비유동의 구분은 1년을 기준으로 한다. 은행 차입금 상환 기한이 1년 안에 도래하면 단기 차입금이다. 위의 치킨집 재무제표 항목에 기재된 자산(현금, 매출채권)과 부채(매입채무)가 대표적인 유동자산이다.

부채비율은 부채/자본 비율이다. 200%가 넘으면 재무 건정성을 좋지 않게 본다. 대출 신청 요건이 안 되는 경우도 있으므로 관리가 필요하다. 결산이 확정되기 전에 세무사무실과 상의해 보는 것이 좋다.

유동비율은 유동자산/유동부채 회사의 유동성 현금흐름이다. 1.5 이상 나오는 게 좋다. 유동비율을 좋게 하게 위해 실제 단기차입금을 장기차입금으로 변경해서는 안 된다. 금융거래확인서[15]상의 단기차입금과 장기차입금이

15 개인이나 기업이 거래 금융기관과 거래한 사실의 유무를 확인하기 위해 발급받는 문서이다. 확인할 수 있는 내용은 대출금 거래 현황, 담보 내용(소재지, 감정가격 등), 기준일 현재 연체 상황, 기준일로부터 1년 내 당좌 부도 여부, 최근 3개월 내 10일 이상 연체 명세 등이 있다.

제출한 재무제표상의 단기차입금과 장기차입금과 맞지 않는다면 재무제표의 신뢰성이 떨어진다.

재고자산 과다 여부는 재고자산 중 판매된 것은 상품의 원가(이하 '매출원가'라 한다)로 비용처리가 되지만 판매 후 남은 재고는 회사의 자산(유동자산)이 된다. 재고자산을 실제보다 과대하게 계상하는 경우 원가는 실제보다 과소 계상되고 이익은 실제보다 과대계상된다. 결과적으로 실제보다 유동비율과 이익률이 모두 개선된다. 그러므로 심사 기관은 전기 재무제표들과 매출원가율, 재고자산 회전율을 비교해 재무제표상 계상된 재고자산이 실제 회사가 보유한 재고자산인지 확인한다. 실제 재고자산이라도 재고가 지나치게 많이 쌓이면 제품 판매가 원활하지 않거나 재고자산이 증가하는데도 매출이 증가하지 않는 경우 이는 상품의 과다 매입으로 인해 부실 위험이 커질 수 있다. 재고자산 회전율도 좋지 않게 된다.

매출채권(외상매출금)은 매출액 대비 20% 이하로 관리하는 것이 좋다. 2020년 2월 세법이 개정되기 전에는 대손세액공제[16]요건이 채무자의 파산 및 회생계획인가의 결정 또는 법원의 면책결정에 따라 회수불능으로 확정된 채권 등 요건이 까다로워 사실상 회수하지 못하는 채권임에도 불구하고 납부한 부가세까지 제때 돌려받지 못했다. 하지만 세법 개정 후 중소기업의 매출채권은 2년 이상 회수하지 못하면 대손세액공제가 가능해졌다. 매출채권 관리는 대출과 관련해서도 해야 하지만 납부한 부가세를 돌려받기 위해서도 필요하다.

---

16 공급한 재화 또는 용역에 대한 외상매출금 등을 받지 못하는 것이 확실하게 되었을 경우, 해당 금액의 부가가치세액을 대손이 확정된 과세기간의 매출세액에서 차감해 주는 제도이다. 다만, 대손세액공제를 받기 위해서는 사업자여야 하므로 만약, 폐업 이후 대손이 발생하였을 경우 대손세액공제를 받지 못하는 것이다.

판매실적은 우수하지만, 매출채권을 현금화하는 비율이 낮다면 현금유동성이 좋지 않다고 판단하게 된다. 매출채권회수기간은 매출채권을 현금으로 회수하는 데 걸리는 평균적인 기간을 말한다. 365일에 매출채권회전율[17]을 나눠서 구하는 지표이다.

만약 매출채권회전율이 4라면 매출채권회수기간은 약 90일이 걸린다(365÷4=91). 즉, 회사는 제품이나 상품을 판매한 후 73일 후에는 판매대금을 현금화한다는 의미이다. 매출채권회전기간이 짧을수록 자금회수가 빠른 기업에 해당된다.

미지급금(외상매입금)은 현물출자 등으로 거액의 미지급금이 쌓인 경우 외에 매출채권과 마찬가지로 매입금 대비 20% 정도로 관리하는 것이 좋다. 그 이상으로 미지급된 경우 자금 여력이 좋지 않은 것으로 볼 수 있다.

가지급금 계정은 법인에서 지급은 되었는데 어디에 쓰였는지 출처를 모르는 계정이다. 가짜 계정이므로 결산 재무제표에 있어서는 안 된다. 세법상 대표자가 가져간 것으로 본다. 세법상 차이는 없지만 재무제표에 주임종단기대여금으로 어디에 지급됐는지 계정은 확정하는 게 좋다. 금액의 크기와 상관없이 업무와 무관하게 법인 대표자에게 빌려준 돈이 있다는 것이므로 대출 승인이 어렵다.

가수금은 기업에 자금이 부족할 때 대표자에게 차입한 경우 발생할 수 있지만 매출누락(매출 세금계산서 미발행)의 경우에도 발생한다. 가지급금은 경

---

17 매출채권회전율 = 연간 매출액 ÷ 평균 매출채권
연간 매출액은 한 해 동안 회사가 벌어들인 총매출액을 의미한다.
평균 매출채권은 연초와 연말의 매출채권을 합친 후 2로 나눈 값이다.

각심을 가지고 관리하는 것에 반해 가수금은 관리가 부족한 경우가 대부분이다. 하지만 재무 비율에 매우 악영향을 주는 계정이다. 가수금은 법인의 부채계정이다. 부채 비율도 커지고 재무 건전성이 악화된다. 대표자에게 빌린 돈도 갚지 못하는 법인이라면 대출 기관에서 상환 리스크가 있다고 판단할 것이다. 대출을 준비하고 있다면, 실질이 대표이사 가수금이라면 상환하도록 하자. 상환이 어려우면 상법 개정으로 추가 자본금 납입 없이 가수금을 자본금으로 전입하는 것도 가능하므로 증자를 고려해 보는 것이 좋다. 대출과는 관련 없지만 가수금이 있는 상태에서 상속이 개시되면 가수금은 상속재산이 된다.

이자보상비율은 영업이익/이자비용 비율이다. 채무 상환능력을 나타내는 지표로, 영업이익으로 이자비용을 얼마나 감당할 수 있는지 알아보는 지표이다. 1.5~2배 정도는 나오는 게 좋다. 법인이 1년 동안 영업이익으로 이자를 상환하지 못한다면 대출을 승인해 주기 어렵다.

– 정부지원금 신청을 위한 사업계획서 준비

정부지원금은 기업부설연구소, 벤처, 특허 등 준비가 필요하다. 물론 예비 창업자를 위한 지원금도 있고, 창업 초기에 지원하는 지원금도 있지만 경쟁이 치열하고 시간이 오래 걸릴 수 있다. 우선은 정책대출에 집중하자. 만약 기업부설연구소, 특허, 벤처인증이 내부적으로 접근이 용이하고 준비할 수 있는 여력이 있다면(IT, 제조업 등) 정책대출과 정부지원금을 병행해서 준비해도 된다. 하지만 여력이 되지 않는다면 자금조달에 집중하자.

정부지원금은 우선 나에게 맞는 정부지원금이 무엇인지 알 수 있도록 정부지원금 공고를 올리는 사이트와 친해져야 한다. 정부지원금을 공고하는 기관 등이 너무 많아 오히려 본인에게 맞는 정부지원금이 무엇인지 제대로 알기 어렵다. 처음엔 우선 범부처통합연구지원시스템(IRIS), 정보마당 두 개의 사이트만 보는 걸 추천해 드린다. 우선 정부지원금과 익숙해지는 것이 중요하다. 기타 업력에 따른 정부지원금의 종류와 해당 사이트는 CHAPTER 3에서 소개하겠다.

정부지원금은 사업계획서를 제출하여 심사 평가를 받고 대면 평가를 통과해야만 받을 수 있다. 사업에 대한 정보량과 접근성이 몇 년 사이에 놀라울 정도로 가까워졌다. 과거에는 좋은 기술과 아이템이 있어도 새롭게 형성되는 시장에 대한 예측이 모호했다. 시장 세분화도 불명확했다. 힘들게 통계나 데이터를 수집해도 관련 자료의 내용 또한 현재 시장 상황을 제대로 반영하지 못할 때가 많았다. 실질적으로 사업계획서에 도움이 될 만한 자료를 찾는 일이 매우 어려웠다. 하지만 지금은 필요한 정보가 넘쳐 난다. 접근성도 쉬워졌다. 이제 사업계획서를 쓰고자 마음만 먹는다면 사업계획서를 쓰는 것은 어렵지 않다. 사업계획서를 직접 작성해 보자.

사업계획서 작성

사업계획서의 구성은 전체적으로 비슷하다. 각 정부지원금 세부 항목은 약간의 차이가 있어도 결국은 큰 틀에서 벗어나지 않는다.

① 기술(제품) 설명

- "우리 회사의 제품은 ~이다."

② 기술(제품) 목적

- "기존 기술은 ~하다."
- "기존 기술은 ~ 문제점이 있다."
- "우리 기술은 기존 기술의 문제점을 ~ 개선할 수 있다."

③ 목표 수요층

- "이 기술이나 제품을 사는 사람은 ~이다."

④ 주요 경쟁사

- 시장에 뒤따라 들어오거나(후발업체), 투자를 늘려(선발업체) 업체에 결정적으로 손해를 입힐 상대는 누구(외국 회사까지 포함해서 적어 보면 더 좋다)인가?

⑤ 개발 일정

- 한 페이지 분량의 월 단위 일정표를 작성

⑥ 가격

⑦ 비용

주요 항목인 제품(기술) 설명, 제품(기술) 목적, 목표 수요층, 주요 경쟁사에 대해 제품을 예로 살펴보겠다.

제품 설명은 고객(본인 포함)에게 어떤 문제가 있었고(문제 인식), 문제를 해결한 제품을 "우리 회사의 제품은 ~이다."와 같이 한 문장으로 표현해 주면 된다.

제품 목적은 기존 제품의 설명과 문제점을 기술하고 이를 보완하거나 대체한 우리 제품을 "기존 제품은 ~하고 ~한 문제가 있는데 우리 제품은 문제점을 개선했다."로 설명해 주면 된다.

목표 수요는 제품을 누가 구매하는지, 수요는 있는지를 "이 기술을 사는 사람은 누구이다." 형식으로 나타내 주면 된다.

좀 더 구체적으로 설명하기에 앞서 사실 사업계획서 양식과 설명(간단하게 소개했지만 전문을 보면 매우 구체적인 로직을 가지고 있다)을 보면 마치 마케팅 전략을 보는 것 같다. 필자가 보는 사업계획서는 잘 기획된 마케팅 기획서다. 실제 정부지원금을 받는 목적이 아니더라도 사업을 계획하고 있다면 내 상품, 제품, 기술을 판매하기 위한 마케팅 기획서로 활용할 수 있으므로 최소한 한 번은 작성해 보자. 고도화로 작업된 사업계획서는 모든 정부지원금 사업에 신청이 가능하다.

추상적인 사업계획서를 마케팅적인 관점에서 검토해 보면 좀 더 구체화된다.

기술 설명은 문제 해결이고 기술 목적은 핵심 가치이다. 문제 해결 단계에서는 '고객의 문제가 무엇인지'를 질문하고 해결할 수 있는 방법에 대해 고민을 해야 한다. 다음 핵심 가치의 첫 번째 질문은 "왜 당신 회사의 기술이나 제품이 고객에게 필요한가?"이다. 중요한 것은 어떤 문제든 고객의 목소리에서 출발해야 한다는 것이다. 내 사업의 핵심 가치를 결정하는 것도 고객이다. 아무리 훌륭한 아이템과 혁신적인 제품이어도 고객이 원하는 제품이 아니면 의미가 없다. 고객의 문제를 고객의 관점에서 고객의 언어로 전달해야 한다.

문제를 해결하기 위해 고객이 지불하는 크기를 측정한 것이 가치이다. 일반 가치는 보통 '제품의 기능'에서 찾을 수 있다. 제품이 에어컨이라면 시원하게 해 주는 것, 히터라면 따뜻하게 해 주는 것, 가습기라면 습도를 유지해 주는 것 등이다. 핵심 가치는 제품의 기능보다는 고객의 감정에서 찾을 수 있다. 고객의 불편하거나 부족한 감정을 편안하게 해 주거나 충족해 주는 과정에서 핵심 가치가 나온다. 핵심 가치와 문제 해결 과정은 고객의 목소리를 통해 지속적으로 상호 보완되어야 한다. 이 과정에서 회사(상품, 제품, 서비스)의 핵심 가치를 고도화할 수 있고 경쟁사와 차별화된 경쟁력을 갖출 수 있다.

핵심 가치를 찾기 위해서는 우선 목표 시장을 세분화(Segmentation)해야 한다. 목표 시장을 최대한 쪼개야 한다. 내 제품을 모든 시장에서 팔려고 하면 안 된다. 모든 시장에서 팔아야 수요(고객)가 클 것이라고 생각할 것이다. 하지만 가짜 수요이다. 즉 내 제품의 수요가 아니다. 내 제품이 시장에 있는 경쟁사와 차별화되지 않기 때문이다. 내 제품의 진짜 수요가 큰 것이 중요하다. 목표 시장이 세분화되어야 경쟁력과 차별화가 생겨 내 제품에 대한 진짜 수요가 발생한다. "왜 당신 회사의 기술이나 제품이 필요한가?"라는 질문에 대답이 가능할 때까지 시장을 쪼개야 한다.

세분화된 시장에서의 고객이 목표 고객(Targeting)이 된다. 목표 고객도 세분화해야 한다. “이 기술이나 제품을 사는 사람은 ~이다.”라는 질문에 대답이 가능할 때까지 고객을 세분화해야 한다. 세분화된 목표 시장과 세분화된 목표 고객을 선정하는 과정에서 내 사업의 핵심 가치를 찾을 수 있다. 세분화된 목표 시장에서 고객의 문제를 내 사업의 핵심 가치를 통해 해결할 수 있을 때 경쟁사와 차별화될 수 있다. 핵심 가치로 고객의 문제를 해결하게 되면 대체재가 없고 경쟁사와 차별화되는 시장을 선정(Positioning)할 수 있다.

또한 경쟁력이 있고 차별화된 가치를 제공하므로 고가 전략이 가능하다. 문제 해결, 핵심 가치, 목표 시장, 목표 고객은 우선순위가 없다. 서로 상호 보완적인 관계이다. 보완의 핵심은 당연히 고객이다. 고객의 문제가 치명적일수록 문제 해결의 가치는 커진다. 문제 해결의 가치가 커진다는 의미는 고객의 재구매 확률이 높아지고(단골 고객) 고객이 지인을 소개시켜 줄 수도 있고 대량으로 구매할 수도 있다는 의미이다. 이를 고객당 단가라 하고 줄여서 객단가라 한다. 처음 사업을 시작할 때 우선 객단가를 높일 수 있어야 한다. 그 후에 고객을 늘려야 한다. 순서가 맞지 않으면 고객은 많아서 바쁘기는 한데 이익은 별로 남지 않는 사업 구조가 된다.

지금까지 마케팅적인 관점에서 실제 사업계획서에서 요구하는 항목을 설명했다. 참고로 설명한 내용이 사업계획서의 대부분이다. 설명한 내용이 아직까지 추상적일 수 있지만 실제 주위에서 흔히 볼 수 있는 마케팅 방식(광고는 마케팅의 방식 중 하나이다)이다. 다음의 광고 예시를 살펴보고 핵심 가치를 도출해 보면 독자의 것으로 만들 수 있을 것이다.

L 사의 가습기 광고 문구는 ‘100℃로 한 번 더 끓인 살균 가습’, ‘극초미세

먼지까지 없앤 청정 가습', '내부 물기까지 건조하는 위생 가습'이다.

광고 문구를 정독하면 가습기의 일반 가치와 핵심 가치가 구체적으로 구분될 것이다.

30초만 생각해 보자!

L 사의 핵심 가치는 케어(살균), 청정, 위생이다. 일반 가치는 습도 조절이다.

이를 사업계획서 양식으로 기술해 보겠다.

① 제품(기술) 설명

최근까지 대한민국에 가습기 세균(화학물질)이 분무 중 공기에 퍼져 심각한 호흡기 질환이 발생했다. 그로 인해 많은 사람이 사망하거나 심각한 질병을 겪게 되었다. L 사는 가습기를 사용하는 고객의 건강, 생명과 직결된 치명적인 문제를 인식했고 해결하려 했다. 가습기 분무 시 인체에 해로운 세균(화학물질)을 100℃로 끓여 없앤 가습기다.

② 제품(기술) 목적

기존 가습기는 습도를 유지하거나 조절하기 위한 제품이다. 살균, 청정, 위생이 되지 않는 문제점이 있었다. 우리 제품은 100℃로 한 번 더 끓인 살균 가습, 극초미세먼지까지 없앤 청정 가습, 내부 물기까지 건조하는 위생 가습을 구현한 제품이다.

③ 목표 수요층

아이가 있거나 노약자가 있는 가정(실제 목표 고객은 굉장히 넓을 것이다).

통계자료 등을 추가하면 사업계획서의 큰 틀이 완성되었다고 볼 수 있다.

추가로 L 사는 기존 경쟁사와 차별화되는 기술로 고객의 치명적인 문제를 해결함으로써 기본적으로 프리미엄 고가전략을 펼쳤다. 구독이라는 방식까지 결합해 지속적인 현금흐름을 창출했다. 구독이라는 가격전략은 가격의 진입 장벽을 낮추고 안정적인 현금흐름이 확보된다. 그보다 중요한 것은 마케팅(광고) 비용이 감소한다는 것이다. 더 이상 프로모션을 하지 않아도 구독료를 내는 동안은 고착효과 현상이 일어나기 때문이다. 마케팅 용어로 락인(Lock-in)효과라고 하는데 특정 제품·시스템에 익숙해진 소비자가 다른 제품을 선택하는 데 스스로 제한을 두는 현상이다. 참 똑똑하다. 내가 하는 사업에도 구독으로 가격을 설정하는 것이 직접적, 간접적으로 적용 가능한지 검토해 보는 것도 좋을 것 같다.

만약 L 사가 겨울철 실내 공기가 건조해지는 문제를 고객의 문제로 판단하고 해결하기로 결정했다면 "실내 습도 조절에 도움을 주겠다."를 핵심 가치로 결정하고 경쟁사와 차별화되는 습도를 조절하는 기술을 개발하여 저가 정책을 결정했을 것이라고 추측(확인해 본 건 아니다)한다.

상품이나 서비스의 본연의 가치인 일반 가치도 매우 중요하다. 일반 가치를 강화하지 않고 핵심 가치로 갈 수는 없기 때문이다. 일반 가치가 바탕이 되어야 핵심 가치도 더 강화될 수 있다.

요즘 날씨가 추우니 난방기를 많이 사용한다. 따뜻하긴 하지만 실내가 매우 건조하다. 이 주제로 난방기 회사의 일반 가치와 핵심 가치, 문제 해결 방식을 연구해 보자. 본서에서는 지면 관계상 여기까지만 언급하고 나머지 부분은 책과 관련된 블로그에서 설명하겠다. 가격전략도 호응이 좋으면 블로그에서 다루겠다.

거래처와 정부지원금 관련 상담을 진행하면 한 가지 공통된 점이 있다. 무언가를 스스로 준비해 보시라고 하면 누구든지 흥미를 잃는다는 것이다. 본서에도 설명할지 말지를 여러 번 고심했지만 한 명의 독자라도 적용해 보고 도움이 되길 바라는 마음으로 설명하였다.

– 벤처투자유형 인증과 절세 효과

기업부설연구소와 특허는 CHAPTER 3에서 설명하겠다.

벤처기업을 인증받는 유형에는 벤처투자유형, 연구개발유형, 혁신성장유형이 있다. 벤처인증을 받게 되면 정책대출, 세액감면, 소득공제 등 다양한 혜택이 있다. 이 중 가장 쉬운 벤처투자유형으로 벤처인증을 받는 것에 대해서 설명하도록 하겠다. 참고로 세 가지 벤처 유형 모두 동일한 혜택을 준다.

벤처투자유형으로 벤처인증을 받기 위해서는 개인투자조합으로부터 자본금의 10% 이상 금액 투자를 받으면 벤처가 가능하다. 그 외 다른 요건은 없다. 기업부설연구소, 기술력, 특허가 없어도 되며 부동산임대업, 도소매업도 가능하다. 개인투자조합이란 개인투자조합을 구성할 수 있는 자격이 있는 GP가 1억 원 이상의 자본을 개인투자자로부터 투자받아 만든 조합이다.

Q. 개인투자조합으로부터 자금만 투자받으면 벤처인증이 가능한가요?

개인투자조합으로부터 자본금의 10%만 투자받으면 된다. 다만, 벤처인증 후 투자받은 자금을 3년 안에 돌려주는 경우에는 벤처인증이 취소된다.

Q. 개인투자조합원에 대표자 본인이나 배우자, 자녀 등 특수관계자가 있어도 되나요?

개인투자조합원과 특수관계가 있는 법인에 투자하는 것은 원칙적으로 금지하지만 투자조합원 모두의 동의가 있는 경우에는 가능하다.

Q. 개인투자조합에 출자한 투자자는 어떤 혜택이 있나요?

투자자는 3천만 원까지는 전액 소득공제가 되고 5천만 원까지는 4천4백만 원[(3천 + (2천 × 70%)]원이 공제(표 참고)된다. 단, 투자자 본인 소득금액의 50% 이상은 투자할 수 없다.

Q. 부동산임대업, 도소매업도 벤처인증이 가능하다고 했는데 벤처인증을 받으면 창업중소기업 세액감면도 가능한가요?

벤처인증은 가능하지만 창업중소기업 세액감면 대상은 아니다.

▸ 개인투자조합 투자금 세액공제액 계산식

기준 금액	계산식
3,000만 원 이하	투자금액 × 100%
3,000만 원 초과 5,000만 원 이하	3,000만 원 + (투자금액 - 3,000만 원) × 70%
5,000만 원 초과	4,400만 원 + (투자금액 - 5,000만 원) × 30%

2

세액감면 및 공제제도 활용

세액감면과 세액공제 요건은 대부분 기업 규모, 창업, 업종, 지역 등이다. 기업 규모는 대부분 중소기업으로 나누는데 중소기업 특별세액감면은 중기업과 소기업을 구분한다. 창업은 실질창업이 중요하다. 지역은 수도권 과밀억제권역(이하 '수도권 등'이라 한다)에 사업장이 있어야 하는 경우가 아니면 수도권 등 밖에 본점이 있는 것이 유리하다. 실제는 수도권 등에서 사업을 하면서 주소만 수도권 등 밖에 본점을 두는 경우 탈세로 세무조사를 받을 수 있다. 실제 국세청에서는 작년 수도권 등 밖에 공유오피스에 본점을 두고 세액감면을 악용하여 탈세한 사업자들에게 약 2,000억 원가량을 추징하였다.

– 창업중소기업 등에 대한 세액감면

창업중소기업 등에 대한 세액감면(이하 '창업중소기업 세액감면'이라 한다)은 중소기업이 창업 후 해당 사업에서 최초로 소득이 발생한 과세연도부터 5년간 해당 사업에서 발생한 소득에 대한 소득세 또는 법인세를 50%(청년은 100%) 감면해 주겠다는 제도이다.

Q. 업종, 지역과 상관없이 적용 가능한가요?

부동산임대업, 도소매업 등은 제외되고 수도권 과밀억제권역에서 창업한 경우에도 감면받을 수 없다. 다만 벤처기업 인증을 받으면 수도권 과밀억제권역에서 창업하더라도 50% 세액감면을 적용(부동산임대업, 도소매업 등 제외)받을 수 있다.

Q. 개인기업을 법인 전환해서 창업했는데 창업이 맞나요?

개인기업을 법인 전환한 경우 창업에 해당하지 않는다. 다만, 개인기업일 때 창업에 해당되어 세액감면을 적용받고 있었다면 5년 중 남은 기간은 법인에서 감면받을 수 있다.

▶ 창업중소기업 세액감면

구분	감면비율			추가감면
	수도권 과밀억제권역	수도권 과밀억제권역 외		
		수도권	수도권 외	
창업중소기업	-	5년 25%	5년 50%	상시근로자 증가율 × 100%
청년, 생계형 창업중소기업	5년 50%	5년 75%	5년 100%	
벤처기업 등	5년 50%			

단, 실질창업에 해당하여야 한다. 실질적인 창업은 다음에 따라 구분한다.

창업인 경우	창업이 아닌 경우
소득세법 제168조 제1항, 「법인세법」 제111조 제1항 또는 「부가가치세법」 제8조 제1항 및 제5항에 따라 납세지 관할 세무서장에게 사업자로 등록하는 것	1. 합병·분할·현물출자 또는 사업의 양수를 통하여 종전의 사업을 승계하여 같은 종류의 사업을 하는 경우 1의2. 종전의 사업에 사용되던 자산을 인수 또는 매입하여 같은 종류의 사업을 하는 경우로서 인수 또는 매입한 자산가액의 합계액이 사업개시일이 속하는 과세연도의 종료일 또는 그다음 과세연도의 종료일 현재 사업용자산의 총가액에서 차지하는 비율이 30% 초과인 경우 2. 거주자가 하던 사업을 법인으로 전환하여 새로운 법인을 설립하는 경우 3. 폐업 후 사업을 다시 개시하여 폐업 전의 사업과 같은 종류의 사업을 하는 경우 4. 다른 업종을 추가하는 등 새로운 사업을 최초로 개시하는 것으로 보기 곤란한 경우, 그 밖에 이와 유사한 것으로서 대통령령으로 정하는 경우

- 통합고용증대 세액공제

소비성서비스업을 제외한 중소기업이 신규로 직원을 고용하면 청년, 장애인, 경력단절여성 등(이하 '청년 등'이라 한다)은 1,450만 원(수도권 밖은 1,550만 원), 청년이 아닌 경우에는 850만 원(수도권 밖은 950만 원)을 각각 2년간 세액공제해 준다. 당해 연도에 공제받지 못한 경우에는 5년간 이월해서 공제받을 수 있다.

근로자는 상시근로자, 즉 1년간 평균 근로자 수를 의미하는데 감소한 경우에는 공제받았던 금액을 추징당한다.

▶ **통합고용증대 세액공제**

1. 기본공제	감면 금액			
	중소기업		중견기업	그 외의 기업
	수도권 내	수도권 밖		
청년 등 상시근로자	증가한 인원 × 1,450만 원	증가한 인원 × 1,550만 원	증가한 인원 × 800만 원	증가한 인원 × 400만 원
그 외 상시근로자	증가한 인원 × 850만 원	증가한 인원 × 950만 원	증가한 인원 × 450만 원	-

2. 추가공제	감면 금액	
	중소기업	중견기업
정규직 전환	해당 인원수 × 1,300만 원	해당 인원수 × 900만 원
육아휴직 복귀	해당 인원수 × 1,300만 원	해당 인원수 × 900만 원

- 중소기업에 대한 특별세액감면

중소기업에 대한 특별세액감면은 중소기업이라면 업종, 지역에 따라 차등은 두겠지만 최소 10%(중기업은 5%)는 세액감면을 해 주겠다는 제도이다. 다만, 소비성서비스업, 부동산임대업은 적용받을 수 없다.

▶ **중소기업에 대한 특별세액감면**

구분	감면 비율		
	사업장 소재지	업종	
		도매업 등	그 외
소기업	수도권 내	10%	20%
	수도권 밖		30%
중기업	수도권 내	-	-
	수도권 밖	5%	15%

- 통합투자 세액공제

수도권 과밀억제권역 외 지역에서 중소기업이 기계장치 등 사업용 유형자산에 투자(금융리스에 의한 투자는 제외)하는 경우에는 투자한 금액의 10%를 해당 투자가 이루어지는 과세연도의 소득세(사업소득에 대한 소득세만 해당한다) 또는 법인세에서 공제하는 제도이다. 부동산임대업과 소비성서비스업 등은 제외한다.

중소기업 특별세액감면과 통합투자 세액공제는 중복해서 받을 수 없으므로 기업에게 유리한 감면/공제를 선택해서 받으면 된다.

▶ **통합투자 세액공제**

구분	그 외 기업	중견기업	중소기업
기본공제	투자금액 × 1%	투자금액 × 5%	투자금액 × 10%
추가공제	해당 과세 연도 투자액 > 해당 과세 연도 직전 3년간 연평균 투자액 → 초과액 × 3% (단, 추가공제 금액 > 기본공제 금액 ➜ 한도: 2 × 기본공제 금액)		

그 외 기술	그 외 기업	중견기업	중소기업
신성장원천기술	투자금액 × 3%	투자금액 × 6%	투자금액 × 12%
국가전략기술	투자금액 × 15% 투자금액 × 15% 투자금액 × 25%		

▶ **세액감면 세액공제 중복 여부**

	통합고용증대 세액공제	중소기업 특별세액감면	통합투자 세액공제
창업중소기업 세액감면	중복 불가	중복 불가	중복 불가

	통합투자 세액공제
중소기업 특별세액감면	중복 불가

▶ **세액감면 이월 가능 여부**

창업중소기업 세액감면	통합고용증대 세액공제	중소기업특별 세액감면	통합투자 세액공제
X	10년간 이월	X	10년간 이월

* 최저한세란 조세특례제한법에 해당하는 조세감면을 적용받는 기업이라고 하더라도 일정 금액의 세금을 납부하도록 하기 위한 제도이다. 이를 통해 조세 형평을 재고하고자 함이다. 지금까지 본서에서 설명한 내용 중 최저한세 적용 배제 대상은 창업중소기업 등에 대한 세액감면(1항과 6항만 해당하고 벤처기업은 제외), 중소기업의 연구 및 인력개발비 세액공제이다.

3

법인 전환과 절세 전략

– 개인사업자의 법인 전환 방법

개인사업자 법인 전환 방법은 자산 양수도 방식과 현물출자 방식이 있다. 그 외 중소기업 간 통합 방식이 있지만 본서에서는 자산 양수도 방식과 현물출자 방식을 설명하겠다.

포괄 양수도 방식과 현물출자 법인 전환은 요건을 충족하면 양도소득세 이월과세와 취득세 50% 감면을 적용받을 수 있다. 소비성서비스업 등은 세금 혜택이 없다. 취득세는 지역과 상관없이 50%를 감면한다. 과밀억제권역 외 지역에서 취득세가 중과될 경우 그 중과되는 세액의 50%를 감면받을 수 있다.

세금 혜택 요건은 설립 시 신규로 설립되는 법인의 자본금이 개인사업자의 순자산 이상이어야 한다. 설립 기간은 3개월 이내여야 한다. 설립 후에는 지분의 50% 이상을 처분하거나 사업을 폐지하는 경우 세금 혜택이 없다. 승계한 자산의 50% 이상을 처분하는 경우 사업의 폐지로 본다.

포괄 양수도 방식과 현물출자 방식의 가장 큰 차이는 순자산의 대가를 지급하는 재원에 있다. 현금으로 지급하면 포괄 양수도 방식이고 주식으로 지급하면 현물출자 방식이다. 포괄 양수도 방식은 순자산 이상의 자금이 필요하다. 현물출자 방식은 순자산 이상의 주식을 발행하면 된다.

▶ **포괄 양수도 방식과 현물출자 방식 신규 법인 자본금 비교**

개인사업자 대차대조표(B/S)

▶ **포괄 양수도 방식으로 신규 법인 설립** ▶ **현물출자 방식으로 신규 법인 설립**

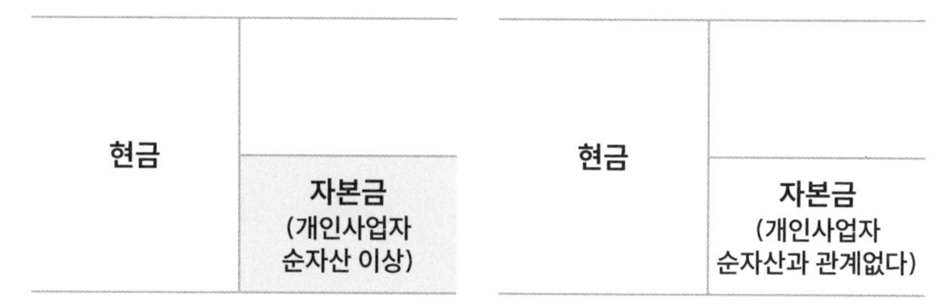

– 개인사업자의 법인 전환 절세 효과

절세 측면에서 개인기업이 법인 전환을 고려해야 하는 경우는 CHAPTER 1. 개인기업 대 법인기업에서 다룬 내용과 같으며 추가로 창업 후 3년 이내 창업중소기업 세액감면을 받기 위한 법인 전환을 검토해 봐야 한다.

첫째, 창업중소기업 세액감면 업종에 해당(제조 등)하지만 수도권 과밀억제권역에서 창업해 세액감면을 받지 못한 경우, 벤처투자유형(정부지원금 부분에서 자세히 설명했음)으로 벤처기업이 가능하다면 3년이 지나지 않은 시점에서 법인 전환을 반드시 검토해 봐야 한다.

Q. 수도권 과밀억제권역에서 법인 전환 후 벤처기업 인증을 받으면 창업감면을 적용받을 수 있나요?

적용받을 수 있다. 다만, 3년 이내 개인기업에서 법인 전환한 경우에만 감면받을 수 있으며 그 확인받은 날 이후 최초로 소득이 발생한 과세 연도를 포함해 5년간 해당 사업에서 발생한 소득에 대한 법인세의 50%를 감면받을 수 있다. 당연히 업종요건을 충족해야 하므로 부동산임대업, 도소매업 등은 벤처인증을 받을 수는 있지만 창업감면을 받지는 못한다.

정리하면 개인기업에서 법인으로 전환하는 경우, 기존 개인기업이 창업감면 기간이 남은 경우에 남은 기간 창업감면을 받을 수 있고 기존에 창업감면 대상이 아니었으나 3년 내 벤처기업 인증을 받게 되면 5년간 창업감면을 받을 수 있다.

▶ **참고 예규**

개인사업자가 「조세특례제한법」 제6조 제3항에 해당하는 업종을 창업한 후 동법 제31조, 제32조 및 동법시행령 제29조 제2항 및 제4항에 규정하는 법인 전환요건에 따라 중소기업 법인으로 전환하고 개인사업의 창업일로부터 3년 이내에 벤처기업을 확인받는 경우 동법 제6조 제2항의 창업벤처중소기업 세액감면을 적용받을 수 있는 것임.(서면법인2018-3772 2019.03.29.)

- 부동산 임대업 법인 전환 및 가업승계 대비 전략

가업승계, 상속을 대비해 부동산을 사전 증여하는 경우 법인 전환을 고려해 볼 수 있다. 부동산을 본인이 소유하고 본인 사업장의 사옥으로 쓰는 경우 가업상속공제를 적용받을 수 있다. 법인이 소유하고 있는 부동산도 사업용으로 쓰고 있으면 업무관련자산으로 가업상속공제 대상이다. 하지만 개인이 소유한 부동산을 외부에 임대사업을 하거나 법인이 소유하고 있는 부동산을 업무와 무관하게 쓰고 있는 경우에는 가업상속공제를 받을 수 없다. 상속재산을 줄이기 위해 임대용 부동산을 자녀들에게 부동산으로 사전 증여하게 되면 감정가액으로 증여세가 과세되어 사전증여의 절세 효과가 미비하다. 상속이 개시되면 증여 당시 기준 감정가액으로 상속재산에 포함되므로 증여 후 상속개시일까지 부동산 가치 상승분은 상속재산에 포함되지 않는다.

Q. 현물출자 법인 전환 시 유한회사가 유리하다고 하는데 이유가 뭔가요?

법인을 주식회사가 아니라 유한회사로 설립하면 법원의 인가를 받지 않고 정관의 상대적 기재 사항에 변태설립사항으로 기재하면 되므로 설립이 용이하다. 추후에 조직변경을 통해 주식회사로 변경할 수 있다.

Q. 부동산임대업을 법인으로 전환해서 증여하면 세금이 줄어드나요?

개인 부동산임대업은 절세를 활용해 볼 수 있는 기회가 없다. 법인으로 전환하게 되면 여러 가지 절세를 활용해 볼 수 있다. 절세 방식은 대표적으로 후술하는 특정법인(이하 '가족법인'이라 칭한다)을 활용하는 방식이 있으며 그 외에도 기업의 상황이나 자녀와 배우자 상속인의 건강 등 여러 가지를 고려해 그에 맞는 효과적인 절세를 활용해 볼 수 있는 기회가 생긴다.

Q. 피상속인(부모님)이 아직 50대 중반이고 건강한데 법인 전환을 고려해야 하나요?

대부분 부동산의 규모, 자녀가 몇 명인지, 배우자가 있는지, 상속인의 건강 등이 모두 다르다. 그러므로 한 가지 절세 방식이 아닌 다양한 절세 방식을 상황에 맞게 효과적으로 적용해야 최적의 절세 방식을 찾을 수 있다. 가장 중요한 것은 상당한 기간을 확보하여 진행하는 것이며 단순 절세 목적뿐만 아니라 의사결정 구조를 간단하고 명확화게 할 수 있는 법인 형태의 상속이 필요하다(후술하는 CHAPTER 4. 가족법인에서 상세하게 다루겠다). 기간이 짧으면 절세 목적만 있는 것으로 부각되어 실질과세의 위험[18]에 노출되고 피상속인의 건강에 따라 절세가 되지 않을 수도 있다. 물론 건강에 따라 후속 절세 방식도 고려해 두겠지만 애초에 시간을 두고 진행한 절세보다 효과와 실질이 좋을 수는 없을 것이다. 상속을 언제 준비하는가에 대한 답은 없지만 일찍 준비할수록 절세 효과는 크고 안전하다.

Q. 부동산을 수도권 과밀억제권역에서 취득하면 취득세가 중과되나요?

수도권 과밀억제권역에서 부동산을 취득(현물출자 법인 전환도 취득이다)하는 경우 9.4%(그 외 지역 4.6%)로 취득세가 중과된다. 실제 법인의 본점

---

18 조세 부과징수에 있어서 법적 형식과 경제적 실질이 다른 경우에는 경제적 실질에 따라 과세한다는 원칙이다. 즉, 납세자가 조세 회피 목적으로 귀속자, 거래 내용 등을 외관상 비합리적인 형식을 취한 경우 그 형식이 아닌 실질적인 거래를 판단해 과세하겠다는 내용이다.

[19]이 수도권 과밀억제권역 밖에 있고 부동산이 수도권 과밀억제권역에 있는 경우에는 취득세가 중과되지 않는다. 이러한 부동산은 물적설비(임대용 부동산)는 있으나, 인적시설은 없으므로 지방세법에서 말하는 지점[20]에 해당하지 않는다. 따라서 수도권 과밀억제권역에서 법인의 지점이 설치된 바 없고 수도권 과밀억제권역에서 취득한 부동산은 수도권 과밀억제권역 밖의 본점의 업무에 사용되는 부동산에 불과하므로 중과세 적용대상이 아니다. 추가로 취등록세를 한 번 내고 법인이 설립된 후에는 주식을 이전하는 경우 취등록세는 없게 된다. 결국 부동산으로 승계가 되면 승계 시점에 한 번은 취등록세를 납부해야 한다. 만약 부동산이 아니라 매각 후 승계하는 경우라면 취등록세는 발생하지 않는다.

▸ 참고 예규

임대사업용 부동산을 취득하여 임대 업무는 대도시 외 지역의 본점에서 직접 관리하고, 건물 청소관리는 본점의 계약직 직원인 청소원이 담당하며 당해 부동산에는 영업활동 내지 대외적인 거래업무를 처리하기 위한 인원을 상주시키지 않는 경우라면 지점설치에 해당하지 않아 중과세 대상이 아니다.(서울세제-14170, 2012.11.01.)

---

19 본점이란 법인의 주된 기능을 수행하는 장소를 말하며, 중추적인 법인의 의사결정 등이 행하여지는 장소를 의미한다. 본점은 등기 여부로 판단하는 것이 아니라 대표이사 등 임직원이 상주하면서 사업의 전반적이고 중추적인 업무를 수행하는 장소를 의미한다.

20 지방세법상 지점의 의미는 사무소 또는 사업장은 법인세법, 소득세법, 부가가치세법의 규정에 의하여 등록대상이 되는 사업장으로서 인적 · 물적 설비를 갖추고 계속하여 사무 또는 사업이 행하여지는 장소를 말한다.(지방세법시행규칙 제6조) 인적 · 물적 설비를 갖추고 계속하여 사무 또는 사업이 행하여지는 장소라 함은 당해 법인의 지휘 · 감독하에 당해법인의 영업활동 내지 대외적인 거래업무를 처리하기 위한 인원을 상주시키고 이에 필요한 물적 설비를 갖추었으며, 실제로 그러한 활동이 행하여지고 있는 장소를 말한다.(조심2020지3291 2021.10.08.)

4

이익잉여금 출구 전략 사전준비

이익잉여금은 회사가 벌어들인 이익의 누적액으로 이익잉여금이 많으면 사업을 잘해서 돈을 잘 벌었다는 의미이므로 매우 칭찬받을 일이다. 하지만 세무적으로 봤을 때는 그만큼 회사의 자산 가치가 높으며 이는 주가에 반영되어 상속이나 증여 시 절세 기능이 제대로 작동하지 않을 수 있다. 따라서 후술하는 CHAPTER 3. 법인 안정기에 이익잉여금에 대한 출구 전략(잉여금을 개인이 가져간다는 의미로 이하 '출구 전략'이라 칭하겠다)에서 자세히 기술하고 이번 CHAPTER 2에서는 출구 전략이 효과적으로 작동되도록 사전준비해야 하는 것과 이익잉여금이 과다하게 쌓이는 것을 줄이는 전략에 대해서 설명하겠다.

이익잉여금 출구 전략이 잘 작동되기 위해서는 사전준비를 철저히 해야 한다.

– 주권의 개념과 주권 발행의 중요성

증여 후 회사 양도단계에서 증여가액(취득가액)과 양도가액이 6억으로 같기 때문에 양도차익이 없어서 의제배당으로 과세되지 않는다. 이 경우는 증여받은 배우자가 증여 이전에 소유하고 있는 주식이 없고 증여받은 주식만 있는 경우에 해당한다. 만약 주권을 발행하지 않은 상태(주식에 이름표가 없다)에서 증여 전에 증여받은 주식 이외에 주식을 소유하고 있다면 취득가액이 달라진다. 주식을 소각하는 경우 기존에 소유하고 있던 주식과 증여받은 주식의 평균(이하 '총평균법'이라 한다)가액이 취득가액이 된다. 증여 전에 소유하고 있는 주식은 비상장주식평가가 안 되어 있으므로 취득가액이 액면가액으로 매우 낮다. 이 경우 주식의 취득가액을 총평균법으로 산정하면 취득가액이 매우 낮아지게 된다. 따라서 양도가액과의 차액이 의제배당으로 과세되어 거액의 세금을 납부해야 할 수도 있다. 증여 이전에 소유하고 있는 주식이 많을수록 취득가액은 더욱 낮아진다. 이익 소각이 아니라 양도를 하는 경우에 주권이 발행되어 있지 않다면 기존의 주식이 먼저 양도된 걸로 간주(이하 '선입선출법'이라 한다)해 취득가액이 산정된다.

Q. 설립 시에는 주권을 발행하지 않았더라도 배우자 증여 후 주권을 발행하면 증여받은 주식을 소각한 것으로 보아 과세 문제가 없나요?

주권은 주주의 출자에 대하여 교부하는 유가증권을 의미하는 증서이다. 회사는 설립 시 또는 주금납입 후에 지체 없이 주권을 발행하여야 하며 설립 시 또는 주금납입 후가 아니면 주권을 발행할 수 없다. 회사 설립 전 또는 주금 납입 전 주권을 발행한 경우 무효이다.[21] 회사의 정관에 주권 불소지 제도를 둔 경우 주권을 발행하지 않는다. 그럼에도 불구하고 주주가 주권 발행을 원하는 경우

21 상법 제355조

① 회사는 성립후 또는 신주의 납입기일후 지체없이 주권을 발행하여야 한다.

② 주권은 회사의 성립후 또는 신주의 납입기일후가 아니면 발행하지 못한다.

③ 전항의 규정에 위반하여 발행한 주권은 무효로 한다. 그러나 발행한 자에 대한 손해배상의 청구에 영향을 미치지 아니한다.

회사는 주권을 발행하여야 한다.[22]

설립 시 주금납입 후 주권을 발행하지 않았더라도 주금납입이 이루어진 상태이므로 언제든지 회사에 주권 발행을 요구할 수 있고 설사 주권 불소지 제도를 정관에 규정해 놨더라도 회사는 주주가 요구하는 경우 주권을 발행하여야 하므로 배우자 증여 후 이익소각을 위해 증여가 단계에서 회사에 주권의 발행을 요구해 주권을 교부받아야 개별법 적용이 가능하다. 원칙은 총평균법이다.

추가로 상속감자 시에도 반드시 주권을 발행하여야 한다.

상속받은 주식은 시가로 평가되어 과세된다. 상속인은 상속세 납부재원이 없는 경우 상속받은 주식을 법인에 양도하여 양도대가로 상속세를 납부하게 된다. 이 경우 상속인이 상속개시일 이전에 소유하는 주식이 없는 경우에는 상속받은 주식의 취득가액과 양도가액이 동일하여 과세 문제가 발생하지 않지만 상속개시일 이전에 소유하는 주식이 있는 경우에는 소유주식(액면가액)과 상속받은 주식(시가)의 평균이 취득가액이 되어 과세문제가 발생한다. 즉, 취득가액과 양도가액의 차액이 발생되어 과세된다. 따라서 상속개시일 이전에 주식을 소유하고 있다면 반드시 주권을 발행하여야 한다.

과세관청은 소명 요구 시 주권 발행 일자를 확인하기 위해 주권 사본을 제출하도록 한다.

---

22 상법 제358조의 2

④ 제1항 내지 제3항의 규정에 불구하고 주주는 언제든지 회사에 대하여 주권의 발행 또는 반환을 청구할 수 있다.

– 자기주식 이익소각 및 증여 활용

위에서 설명한 것과 같이 배우자 증여 후 이익소각을 절세 전략으로 활용하기 위해서는 증여받는 배우자가 증여 전에 주식을 소유하고 있다면 설립시 또는 주금납입 후 주권을 발행해야 한다. 배우자가 증여 전에 주식을 소유하고 있지 않다면 증여 전에 주권을 발행하지 않아도 된다. 자기주식을 소각하는 경우 정관에 '이익으로 소각할 수 있다'는 규정이 있어야 한다. 정관에 이익소각 규정이 없게 되면 절차의 하자로 세금을(가지급금) 추징당한다. CHAPTER 1. 정관에서 설명한 것처럼 상법 개정으로 비상장 법인도 자기주식 취득은 가능하지만 권리 실행을 위해서는 정관에 내용이 기재되어 있어야 한다.

배우자(자녀도 가능)에게 10년 이내 6억을 증여하는 경우 증여재산공제액이 6억이므로 시가(비상장주식평가에 의한 시가) 6억 원의 주식을 배우자에게 증여해도 증여세가 없다. 배우자는 증여받은 6억 원의 주식을 법인에 양도한다. 의제배당은 주식의 취득가액과 양도가액의 차액만큼 과세한다. 배우자 증여를 하게 되면 주식의 취득가액과 양도가액이 같아진다. 법인 양도 시점에 취득가액과 양도가액의 차액만큼 의제배당[23]으로 과세되지만 취득가액과 양도가액이 모두 6억으로 동일하므로 의제배당으로 과세되지 않는다. 법인은 양도 대금을 지불하고 주식을 이익소각[24]한다.

---

23 상법에 따른 배당은 아니지만 경제적 실질이 배당과 동일하여 주주에게 이익이 돌아갈 경우 이를 배당으로 보는 것이다.(잉여금의 자본전입, 감자 등으로 인한 의제배당이 이에 해당한다. 의제배당액 = 주주 등이 받은 대가 – 소멸하는 주식의 취득가액)

24 회사에 이익이 누적되는 것을 이익잉여금이라고 하는데 이를 통해 자기주식을 매입하여 소각하는 것이다. 이로 인해 이익잉여금과 주식 수가 감소하여 주주에게 이익을 주는 효과가 발생하게 된다.

상법 제343조 (주식의 소각)	
개정 전	**개정 후**
① 주식은 자본감소에 관한 규정에 의하여서만 소각할 수 있다. **그러나 정관의 정한 바에 의하여 주주에게 배당할 이익으로써 주식을 소각하는 경우에는 그러하지 아니하다.**	① 주식은 자본금 감소에 관한 규정에 따라서만 소각할 수 있다. **다만, 이사회의 결의에 의하여 회사가 보유하는 자기주식을 소각하는 경우에는 그러하지 아니하다.**
② 제440조와 제441조의 규정은 주식을 소각하는 경우에 준용한다.	② 자본금감소에 관한 규정에 따라 주식을 소각하는 경우에는 제440조 및 제441조를 준용한다.

▸ **자본금 감소에 대한 규정 요약**

상법 제438조 자본금 감소는 주주총회 특별결의가 필요하다. 다만 결손의 보전을 위한 자본금 감소인 경우 주주총회 보통결의로 결정할 수 있다. 자본금 감소에 관한 의안의 주요 내용은 주주총회 소집 통지 시에 적어야 한다.

상법 제439조 자본금 감소의 결의 시에는 그 방법을 정해야 하며, 채권자의 이의 절차를 거쳐야 한다. 다만, 결손 보전을 위한 자본금 감소의 경우에는 해당하지 않는다. 사채권자가 이의를 제기하기 위해서는 사채권자집회의 결의가 필요하다.

▸ **자본금 감소에 관한 규정에 따라 주식 소각 시 준용 규정**

상법 제440조(준용) 주식을 소각할 경우 회사는 한 달 이상의 기간을 정하고, 그 뜻과 그 기간 내에 주권을 회사에 제출할 것을 공고하며 주주와 질권자에게 통지하여야 한다.

상법 제441조(준용) 주식의 소각은 440조의 기간이 종료한 때 효력이 발생하지만 채권자 이의 제출 절차가 종료되지 않았을 경우 해당 절차 종료 시 효력이 발생한다.

– 대표이사 및 임원의 급여 절세 전략

급여 배당 절세 전략(이하 '급여 소득디자인'이라 한다)을 하기 위해서는 정관에 임원(대표이사)의 보수와 상여, 퇴직급을 지급한다는 내용과 구체적인 보수액은 주주총회에 위임한다는 내용이 기재되어 있어야 한다. CHAPTER 1. 대표이사의 급여에서 기술했듯이 법인과 대표이사의 관계는 근로관계가 아니라 위임관계이다. 그러므로 주주총회에서 임원의 보수와 상여에 대한 보수계약서를 작성해야 한다. 급여 소득디자인이 설계된 후 임원의 보수와 상여에 반영하여 보수계약서를 함께 정비하도록 한다.

Q. 정관을 공증해야 효력이 발생하나요?

정관은 공증인의 인증(공증)을 받음으로써 효력이 생긴다. 다만 자본금 총액이 10억 원 미만인 회사를 발기설립(發起設立)하는 경우에는 각 발기인(회사 설립을 기획하고, 설립 절차를 책임지고 진행하는 사람)이 정관에 기명날인 또는 서명함으로써 효력이 생긴다. 하지만 공증이 있는 정관과 공증이 없는 정관의 증거력에는 큰 차이가 있다.

급여 소득디자인은 개인 대표자의 실효세율[25]과 법인세율의 차이, 배당소득과 근로소득의 분산, 건강보험료의 부과 차이에서 설계된다. 부담하는 세금과 건보료 차이를 고려한 설계이므로 실제 법인의 지급여력이나 개인의 필요한 생활자금과 같은 환경적 요인은 절세 효과를 참고하여 결정하면 될 것이다.

우선 개인 대표자의 실효세율과 법인세율의 차이에 대해 살펴보겠다. 급여에서 개인이 부담하는 비용은 소득세와 주민세, 4대보험((이하 '비용'이라 한다)이다. 급여가 비용으로 처리되므로 법인세와 법인주민세는 감소(이하 '이익'이라 한다)하게 된다. 간단하게 급여를 늘리게 되면 법인세가 낮아진다.

부담하는 비용(급여)보다 늘어나는 이익(법인세)이 많으면 급여를 늘린다. 부담하는 비용보다 늘어나는 이익이 적으면 급여를 줄인다. 비용과 이익이 같아지는 구간에서 급여를 설정하면 최대한 절세가 일어나게 된다. 실무상 급여 수령 시 실제로 적용받는 실효세율과 법인세율이 같아지는 구간이 절세 설계와 관련된 최적 급여라고 생각하면 된다.

다음으로 배당소득과 근로소득의 분산과 건강보험료의 부과 차이에 대해서 살펴보겠다. 배당(이자 포함)은 2천만 원까지는 15.4%(주민세 포함) 저율로 분리과세되며 건강보험료 8%도 부과되지 않는다. 2천만 원을 초과하는 경우에도 초과한 금액만 종합과세되며 건강보험료도 초과한 금액에 대해서만 부과된다. 본서에서는 Gross up 이중과세 조정을 고려하지 않기 위해 2천

---

25 실제로 납세자가 부담하는 세금의 비율을 의미한다. 예를 들어 4천만 원의 소득이 있는 사람이 소득공제 등 적용 후 3천만 원에 대하여 15% 세율로 과세된다고 할 경우, 세액은 450만 원이며 실효세율은 11.25%(450만 원 ÷ 4천만 원)가 된다.(누진공제액은 없다고 가정) 따라서 실효세율은 항상 법정세율보다 낮아진다.

만 원 분리과세되는 경우에 한정해서 설명하겠다. 참고로 배당소득 1.3억 원까지(타 소득 없는 경우)는 이중과세 조정으로 실효세율 15.4%에서 크게 벗어나지 않는다.

예를 들면 급여만 1억 5천을 가져가는 것과 급여 1억 3천, 배당 2천(분할해서 받을 수 있다)을 가져가는 것은 경제적 실질이 같다. 하지만 부담하는 세금은 차이가 난다. 대략 계산해 보면 급여 1억 5천은 세금 약 3천만 원(원천징수간이세액표 기준), 4대보험료 본인 부담분 1,000만 원, 4대보험료 법인 부담분 1천2백만 원, 총 5천2백만 원이다. 반면에 급여 1억 3천은 세금 2천3백만 원, 배당 2백8십만 원, 4대보험료 본인 부담분 9백만 원, 4대보험료 법인 부담분 1천만 원, 총 4천5백만 원이다.

요약하면 1억 5천을 급여로 수령하는 것과 배당 2천을 급여에 포함해서 1억 5천을 수령하는 경우 1년간 세금의 차이는 7백만 원이다. 5년이면 3천5백만 원의 차이가 난다.

퇴직금은 퇴직 시에 지급하며 저율로 과세하므로 지급 규정을 잘 정비해 놓으면 이익잉여금을 개인화하는 데 유용하다. 요건이 맞는 경우 퇴직금 중간정산을 활용할 수 있다.

▸ 상법 제292조 정관의 효력발생

정관은 공증인의 인증을 받음으로써 효력이 생긴다. 다만, 자본금 총액이 10억원 미만인 회사를 제295조제1항에 따라 발기설립(發起設立)하는 경우에는 제289조제1항에 따라 각 발기인이 정관에 기명날인 또는 서명함으로써 효력이 생긴다.

▶ **퇴직소득세 산식**

퇴직소득세 = 과세표준 × 기본세율 × 1/12 × 근속연수
과세표준 = (퇴직소득금액 - 근속연수공제) × 1/근속연수 × 12 - 환산급여공제

▶ **근로소득 간이세액표** ***2024년 기준**

월 급여액	간이세액		
1,000만 원	공제가족 1명	공제가족 2명	공제가족 3명
	1,507,400	1,431,570	1,200,840
1,000만 원 초과	(1,000만 원인 경우의 해당 세액) + (1,000만 원을 초과하는 금액 중 98%를 곱한 금액의 35% 상당액) + (25,000원)		

– 지분 구조 변화를 통한 절세 효과 극대화

이익잉여금 출구 전략은 절세를 통해 이익잉여금을 개인화하는 전략이다. 자산의 이동 시점에 주식 가치가 크지 않도록 이익잉여금이 쌓이지 않도록 해야 한다. 회사의 가치는 손익가치와 자산(순자산)가치를 합한 가치이다. 법인의 순자산은 자본금, 자본잉여금, 이익잉여금으로 구성되어 있다. 자본금과 자본잉여금은 CHAPTER 4에서 설명하고 이익잉여금 위주로 설명하겠다. 지분 구조는 이익잉여금 출구 전략에 따라 유동적으로 변한다. 절세 설계의 기능이 효과적으로 작동되도록 검토를 해야 한다.

미래 이익잉여금을 쌓이지 않게 하는 전략의 경우 설립 시 배우자와 자녀에게 주식을 분산하여 정기적으로 배당을 실행한다. 개인의 경우 차등배당(이하 '초과배당'이라 한다)은 절세 효과가 없다. 배당소득세와 증여세 과세로 실익이 없기 때문이다. 그러므로 개인 주주는 주식을 분산하는 것이 유리

하다. 법인 주주는 CHAPTER 4. 초과배당에서 설명하겠다.

배당액은 건강보험료와 관련해서 결정해야 한다. 건강보험 피부양자 요건은 이자, 배당, 근로, 연금, 사업, 기타 소득의 합이 2천만 원 이하여야 한다. 소득 합산 시 금융소득은 1천만 원 이하면 소득에 합산하지 않고 계산한다. 배당으로 인해 피부양자 자격이 박탈되어 지역가입자로 가지 않도록 배당을 2천만 원 이하로 받을 수 있도록 지분을 분산하거나 배당액을 결정해야 한다. 직장가입자는 배당소득 2천만 원 이하는 건보료가 부과되지 않는다. 피부양자 자격이 박탈되어 지역가입자가 되면 금융소득이 1천만 원을 초과하는 경우 전체 금액에 건보료가 부과된다.

요약하면 금융소득이 2천만 원 이하는 분리과세(4대보험료 미부과)되므로 특별히 앞에서 설명한 소득디자인을 설계하지 않더라도 급여와 배당을 결합해 절세도 하고 이익잉여금도 쌓이지 않게 할 수 있다.

참고로 중간배당은 정기배당 외의 기간배당을 받는 것을 말한다. 정관에 규정이 있어야 한다. 필요한 때 규정을 준수하여 배당을 실시하면 좀 더 탄력적인 의사결정을 할 수 있다.

이익잉여금을 개인화하는 경우는 100% 대표자가 소유하는 것이 리스크 관리에 유리하다. 이익잉여금을 개인화하는 전략은 주권 발행 여부를 확인해야 한다. 회사 설립 후 또는 주금납입 후 주권이 발행된 경우는 주주가 분산되어 있어도 세금에는 크게 영향이 없다. 하지만 주주가 분산(주식이 분산)되어 있는 경우 배우자에게 주식 증여 후 이익소각이 마무리된 시점에 주권이 발행되어 있지 않으면(대부분 법인이 정관에 주권 불소지 항목이 기재되어 있다) 주식 취득가액이 낮아져 소각 시 양도가액과 차액에 대하여 의제배당으로 과세된다. 정관에 주권불소지 제도를 두고 주권을 발행하지 않았더라도 증여 전에 증여받는 배우자가 주식을 소유하고 있지 않다면 증여받은 주식을 소각한 것으로 본다. 즉, 증여와 소각 시점이 같다면 의제배당 과세 문제는 없다. 주권을 발행하지 않은 경우 세무 리스크를 방지하기 위해 주주를 대표자 단독으로 하는 것이 유리하다.

CHAPTER 3.

성장기 절세 및 자금조달

성장기는 창업 초기에 뿌려 둔 씨앗들을 일부는 활용하고 정비도 해 두어야 한다. 정부지원금 신청과 정책대출을 위해 기업부설연구소, 벤처인증, 특허를 출원하고 배당 등을 통해 이익잉여금 관리도 지속해서 해야 한다. 사업적으로 조직을 확장하고 고용이 증가하므로 직원들의 복지에도 더 신경 써야 한다. 체계적인 관리 시스템을 도입하여 시장에서의 경쟁력을 강화해야 매출과 시장 점유율이 빠르게 증가할 수 있다.

1

복지 향상을 통한 협력적 노사관계 구축

– 사내근로복지기금의 개념과 절세 혜택

사내근로복지기금은 회사와 직원이 상생할 수 있는 협력적 노사관계를 조성하고 근로자의 애사심 고취를 통한 안정적 고용 관리가 가능하다. 사업주 본인은 실제로 복지성 비용을 지출(인식하지 못할 수도 있다)하고 있다. 사내근로복지기금을 통해 복지비용을 지출하게 되면 회사의 4대보험도 줄어들고 직원들도 가처분소득(실제 사용할 수 있는 금액)이 증가하게 된다. 정부에서 중소기업의 복지를 증진하기 위해 여러 가지 세제혜택을 주고 있을 때 기금법인을 조성하여 직원들로부터 존경받는 사업주가 되도록 하자. 창업 초기에 함께 고생한 직원과 앞으로 성장기에 입사할 직원들이 사내근로복지기금을 통해 복지가 증진되면 기업의 성장 또한 더 빨라질 수 있을 것이다. 이 외에도 부수적으로 다양한 절세 혜택을 볼 수 있다.

사내근로복지기금 제도는 사업주 또는 법인이 기금을 조성하여 해당 기업(이하 '모회사'라 칭한다)과는 독립적으로 비영리법인을 설립하여 근로자의 생활안정 및 복지증진을 위하여 복지사업을 시행하는 제도를 말한다.

사내근로복지기금 제도의 장점은 근로자 입장에서는 사내근로복지기금을 통해 지급되는 금품 등은 소득세와 4대보험이 부과되지 않으므로 가처분소득이 증가되고 선택적 복지제도(뒤에서 후술)의 도입으로 근로자 스스로 필요한 복지 항목을 구성하여 정해진 곳이 아닌 원하는 곳에 사용할 수 있다. 소득세법은 사용자로부터 복지성 대가를 수령하더라도 소득세법상 비과세가 아닌 식대 등 일부 항목을 제외하고는 모두 급여에 포함되어 소득세가 과세되고 4대보험료도 부과된다. 다음 표는 사내근로복지기금 비과세되는 임금과 소득세법상 과세되는 근로소득을 비교한 표이다.

사내근로복지기금 복지성 대가(비과세)	소득세법 근로소득(과세)
① 무주택근로자에게 주택구입, 임차자금을 무이자 또는 저리로 대부하거나 보조할 수 있음	① 종업원이 주택(주택에 부수된 토지를 포함한다)의 구입·임차에 소요되는 자금을 저리 또는 무상으로 대여받음으로써 얻는 이익
② 근로자 자신 및 가족을 위한 초중고, 대학교 등의 장학금, 재난구호금 지급 가능 - 근로자 자신 및 자녀학원비 지원가능 단, 근로자 자신의 학원비는 업무와 무관해야 가능	② 종업원이 받는 공로금·위로금·개업축하금·학자금·장학금(종업원의 수학중인 자녀가 사용자로부터 받는 학자금·장학금을 포함한다) 기타 이와 유사한 성질의 급여
③ 근로자의 중식대 및 석식, 야식, 간식 등 식비 지급	③ 휴가비 기타 이와 유사한 성질의 급여
④ 기숙사, 휴양콘도미니엄(사용료), 사택 등 근로복지시설(고용노동부령의로 정하는 시설)에 대한 구입 및 설치 가능	④ 주택을 제공받음으로써 얻는 이익
⑤ 근로자의 체육, 문화활동의 지원 - 연극, 영화, 공연, 스포츠 관람료 지원 - 문화상품권, 스포츠, 레저장비 구입비 지원 - 헬스클럽, 수영장, 테니스장 등 체육시설 이용료 지원 - 체육, 문화활동에 소요된 경비 지원 - 근로자의날 행사의 지원 - 행사운영비, 기념품지원	⑤ 근로수당·가족수당·전시수당·물가수당·출납수당·직무수당 기타 이와 유사한 성질의 급여 ⑥ 급식수당·주택수당·피복수당 기타 이와 유사한 성질의 급여 ⑦ 벽지수당·해외근무수당 기타 이와 유사한 성질의 급여 ⑧ 기술수당·보건수당 및 연구수당, 그 밖에 이와 유사한 성질의 급여

⑥ 직장인 단체보험(보장성, 저축성 모두 가능)의 가입지원	⑨ 시간외근무수당·통근수당·개근수당·특별공로금 기타 이와 유사한 성질의 급여
⑦ 경조비(축의금, 조의금 등)의 지원	⑩ 여비의 명목으로 받는 연액 또는 월액의 급여
⑧ 직원의 생일, 결혼기념일 기념품, 상품권 또는 축하금 지급	
⑨ 추석, 설날 지원	

명칭이 같거나 유사한 항목들이 사내근로복지기금에서는 비과세되지만 소득세법에서는 과세되는 것을 한눈에 비교해 볼 수 있다.

사용자 입장에서는 선택적 복지 등을 통해 근로자 복지수요에 능동적으로 대처할 수 있다. 사내근로복지기금에서 지급하는 금품은 4대보험 대상이 아니므로 실질적 임금 인상 없이 복지혜택 제공이 가능하며 사용자의 기금 출연액은 기부금으로 인정되어 전액 비용처리되는 기본적 혜택이 있다. 그 외 부수적인 효과로 절세 측면에서 살펴보면 다음과 같다.

사내근로복지기금에 출연하는 금품은 기간, 횟수와 상관없이 탄력적으로 출연할 수 있으므로 법인세가 과도하게 과세되는 시점에 과세이연으로 활용할 수 있다. 같은 취지로 납입 시 비용처리한 보험상품 등이 만기가 되어 입금되는 경우 일시에 이익이 증가할 수 있는 문제점이 있는데 이에 대한 출구 전략으로 활용할 수도 있다. 사내근로복지기금에 출연하는 재원에 따라 모법인의 이익잉여금을 줄일 수 있으며(후술하겠다) 제3자(부모님 등)가 자녀 등이 설립한 사내근로복지기금에 유증을 한 재산은 상속세를 부과하지 아니한다.

– 사내근로복지기금법인의 설립 절차

사내근로보기기금법인은 모든 사업 또는 사업장에서 설립 가능하며 설립 준비위원회를 구성하여 정관 및 사업계획서 등을 작성하여 설립인가를 신청한 후 등기 후 사업자등록증을 발급하면 된다. 일반법인 설립은 2인(발기인, 이사)으로 설립이 가능하나 사내근로복지기금법인은 사용자 측 3인 이상과 근로자 측 3인 이상으로 최소 6인이 필요하다. 법인은 사용자 측에 등기된 이사 등 비상근인원이 가능하나 개인은 재직인원이 아닌 자가 불가하진 않지만 지양하는 게 좋다. 공동근로복지기금은 4인이면 설립이 가능하다.

설립 절차는 다음 표와 같다.

▸ 사내근로복지기금법인 설립 절차

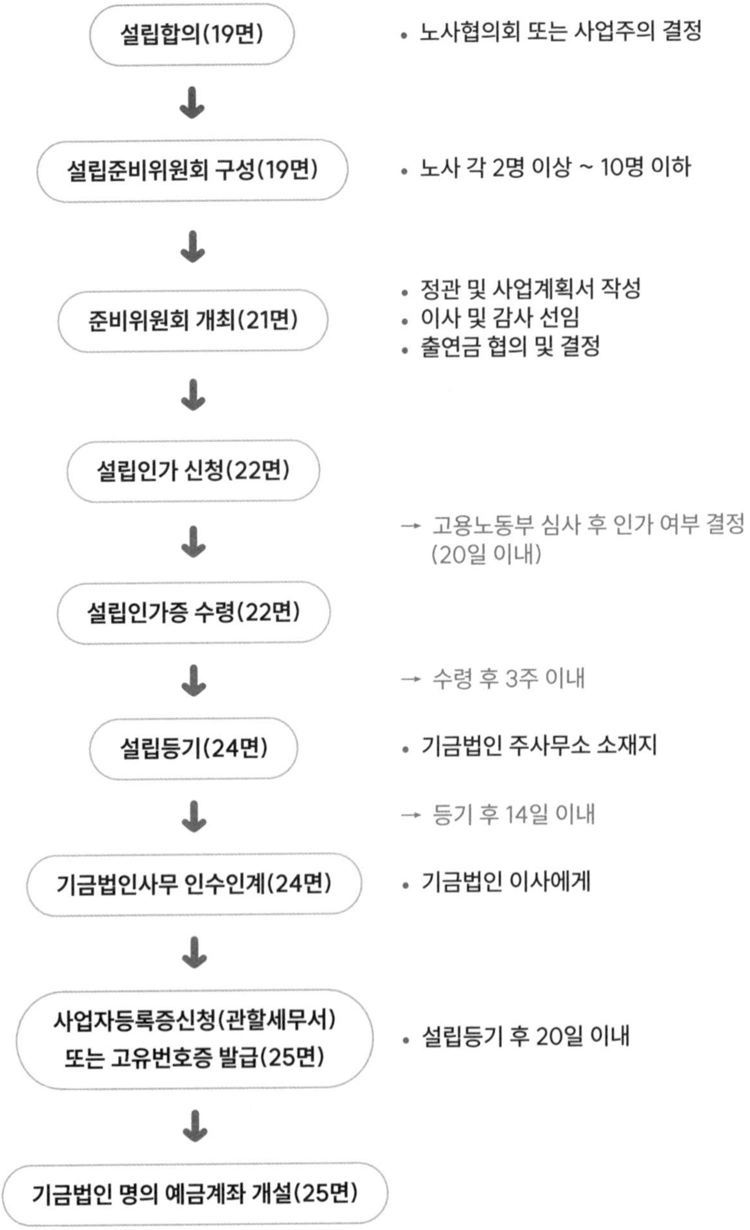

절차	비고
설립합의(19면)	• 노사협의회 또는 사업주의 결정
↓	
설립준비위원회 구성(19면)	• 노사 각 2명 이상 ~ 10명 이하
↓	
준비위원회 개최(21면)	• 정관 및 사업계획서 작성 • 이사 및 감사 선임 • 출연금 협의 및 결정
↓	
설립인가 신청(22면)	
↓	→ 고용노동부 심사 후 인가 여부 결정 (20일 이내)
설립인가증 수령(22면)	
↓	→ 수령 후 3주 이내
설립등기(24면)	• 기금법인 주사무소 소재지
↓	→ 등기 후 14일 이내
기금법인사무 인수인계(24면)	• 기금법인 이사에게
↓	
사업자등록증신청(관할세무서) 또는 고유번호증 발급(25면)	• 설립등기 후 20일 이내
↓	
기금법인 명의 예금계좌 개설(25면)	

(출처: 고용노동부 근로복지공단)

– 사내근로복지기금법인의 운영

기금을 조성해 출연(기본재산)하면 기금사업의 목적사업에 맞게 사용해야 한다. 우선은 수익금을 재원으로 사용하고 부족하면 출연금의 80%(대기업은 50%)까지는 사용 가능하지만 20%는 기본재산으로 남겨 둬야 한다.

Q. 20%는 기본재산으로 계속 남겨 둬야 하나요?

법인의 경우 모법인의 자본금의 50% 이상이 기본재산으로 쌓이면 초과한 금액은 사용할 수 있다. 개인사업자가 설립한 사내근로복지기금은 개인사업자는 자본금이 없기 때문에 20%를 남겨 둬야 한다.

Q. 모회사가 개인사업자인 경우에 20%를 남기지 않을 방법은 없나요?

다른 회사와 공동으로 사사내근로복지기금법인을 만드는 경우(이하 '공동근로복기금'이라 한다)에는 90% 사용이 가능하고 10%만 남겨 두면 되며 법인과 법인이 공동근로복지법인을 설립하게 되면 두 법인의 자본금을 합한 금액의 50% 이상이 기본재산으로 적립되면 초과한 금액은 사용할 수 있다. 개인과 법인이 공동근로복지법인을 설립하면 개인회사의 자본금은 없지만 모법인 자본금의 50%만 초과하면 초과한 금액은 사용할 수 있다.

▸ **퇴직연금복지과-3010, 2017.07.13.**

Q. 질의

공동근로복지기금이 「근로복지기본법 시행령」 제46조를 준용하여 기본재산 총액이 해당 사업 자본금의 100분의 50을 초과하는 경우 초과액의 범위에서 복지기금협의회가 정하는 금액을 사용하고자 할 때, '해당 사업의 자본금'이 무엇인지

A. 회신

공동기금법인은 근로복지기본법 시행령 제55조의4에 따라 같은 법 시행령 제46조를 준용하여 기본재산의 총액이 해당 사업의 자본금의 100분의 50을 초과하는 경우 그 초과액의 범위에서 복지기금협의회가 정하는 금액을 기금법인의 사업에 사용할 수 있으며, 이때 '해당 사업의 자본금'은 공동기금법인 참여회사의 자본금의 합계액을 의미함.

▸ **고용노동부(고용노동부 노동정책실 노동개혁정책관 미조직근로자지원과) 답변**

Q. 질의

복지기금협의회 위원 중 사용자 측에 직원이 포함되어 있을 때 그 직원에게 복지 혜택을 제공할 수 있는지 여부

A. 회신

동법 제2조제1호에 따라 사내근로복지기금법인(이하 "기금법인")의 사업 수혜대상이 되는 '근로자'란 직업의 종류와 관계없이 임금을 목적으로 사업이나 사업장에 근로를 제공하는 사람을 말하는 바, 복지기금협의회 사용자위원이라 하더라도 사업주와의 관계에서 직업의 종류와 관계없이 임금을 목적으로 사업이나 사업장에 근로를 제공하는 사람에 해당한다면 기금 법인의 수혜대상이 될 수 있을 것임. 다만, 복지기금협의회의 사용자위원은 동법 제2조제2호에 따른 '사용자'에 해당하여야 함을 알려드림.

- 복지카드를 통한 선택적 복지제도

정관에 기업마다 특성에 맞는 복지 항목을 설계한 후 설계된 다양한 복지 항목 중 개개인의 선호와 필요에 따라 자신에게 적합하고 필요한 항목을 복지카드를 이용하여 소비함으로써 근로자 만족도가 매우 높아지게 된다. 관리 시 복지카드를 통해 사용하면 따로 증빙을 제출하지 않아도 되므로 관리도 용이해지며 근로자의 생활 안정과 건전한 여가, 문화, 체육활동 등의 다양한 복지 항목을 도입하게 되면 근로자의 만족도가 더 높아질 수 있다. 사행성, 도박성, 유흥(노래방 포함)용으로는 사용할 수 없다. 애초에 복지카드로 결제할 수 없도록 막아 놨다.

사내근로복지기금을 통한 선택적 복지제도에 따른 복지포인트 제공은 과세대상 근로소득에 해당하지 않는다. 이에 반해 사내근로복지기금을 통하지 않고 지급된 복지포인트의 대부분은 근로의 대가성이 존재하는 급여로 보아 과세하고 있다. 하지만 사내근로복지기금을 통하지 않고 제공된 복지포인트는 과세대상 근로소득이 아니라는 의견과 과세대상 근로소득이라는 의견으로 갈라졌다. 그러나 2025년 12월 대법원 판례에서 복지포인트는 직접적인 근로의 대가는 아니더라도 임직원들이 법인에 제공한 근로와 일정한 상관관계 내지 경제적 합리성에 기한 대가관계가 인정되는 급여로 판시하였다. 따라서 직원들의 복지를 위해서 복지포인트를 제공하려면 사내근로복지기금 법인을 설립한 후 사내근로복지기금 법인을 통해 제공해야 근로소득으로 과세되지 않는다.

▶ 「법무부 맞춤형복지제도 운영지침」 제5조(맞춤형 복지항목)

자율항목은 본인의 선호와 필요에 따라 자율적으로 선택하여 사용할 수 있는 복지항목으로서 건강관리, 자기계발, 여가활동, 가정친화 등의 용도로 사용할 수 있으며, 사복권, 경마장 마권, 유흥비, 고가의 보석 등 사행성이 있거나 불건전한 지출 등은 자율항목으로 설계할 수 없다.

▶ 선택적 복지제도를 위해 복지포인트를 제공한 경우 관련 판례

근로소득으로 과세된 경우

사내근로복지기금 법인이 설립되지 않은 상태에서 복지포인트를 제공한 경우	① 쟁점복지포인트의 경우 직급, 근무부분, 담당업무 등에 따라 차등 지급되고 있어 근로의 대가 또는 근로조건의 내용을 이루는 것이 아니라고 단정하기 어려운 점 등에 비추어 볼 때, 쟁점복지포인트가 급여가 아닌 복리후생비로서 비과세대상이라는 청구법인들의 주장은 받아들이기 어렵다고 판단된다. [조심2021서6849(2022.01.19.)] ② 쟁점복지포인트를 비과세대상으로 볼 경우 그 지급비중을 높일 유인이 발생하고 이에 따라 동일한 구매력을 지닌 현금을 지급받은 경우와 소득세 부담에 차이가 발생할 수 있는 점 등에 비추어 청구주장은 받아들이기 어려움. [조심2024서4455(2024.10.21.)] ③ 근로기준법과 소득세법의 입법목적이 다르고, 근로기준법상 임금은 근로제공과 직접 또는 밀접하게 관련되어 지급된 것을 대상으로 하나 소득세법상 근로소득은 이외에도 근로를 전제로 그와 밀접히 관련되어 근로조건의 내용을 이루고 있는 급여라면 모두 근로소득에 포함된다 할 것이고, 공무원 복지점수(비과세)는 기관 운영을 위한 복리후생 성격을 아울러 갖고 있으며 국가의 재정 상황을 고려한 입법 정책의 문제를 수반하는 점 등을 고려하면, 이 사건 복지포인트가 과세 대상인 근로소득에 포함된다고 하여 과세형평의 원칙에 위반하였다고 단정하기는 어렵다. [대전지법2022구합100898(2022.11.10.)]

근로소득으로 과세하지 않은 경우

사내근로복지기금 법인을 설립한 후 복지포인트를 제공한 경우	① 민간기업에서 운영되는 맞춤형 복지제도 중 근로복지기본법에 따라 근로자의 복지 증진을 위한 목적에서 사내근로복지기금을 통해 근로자에게 지급되는 선택적 복지비는 근로소득에 해당하지 않는다고 보아 과세하지 않는다. [인천지법2023구합51582(2023.10.19.)] → 사내근로복지기금을 통하지 않고 제공된 복지포인트를 근로소득으로 과세하면서, 사내근로복지기금을 통하여 지급되는 것은 과세하지 않는다고 주장한 판례의 태도.
	②사내근로복지기금법에 의한 사내근로복지기금이 사내 근로자인 종업원에게 노동부장관으로부터 인가된 동 기금의 용도사업 수행으로 인해 지급하는 보조금은 당해 종업원의 근로소득으로 보지 아니한다. [서면4팀 -254, (2005.02.15.)]
사내근로복지기금을 설립하지 않고 복지포인트를 제공한 경우	① 근로복지기본법상 선택적 복지제도에 따른 선택적 복지포인트는 '근로복지'에 해당할 뿐, 사용자와 근로자 사이의 근로관계에서 임금·근로시간·후생·해고 기타 근로자의 대우에 관하여 정한 조건인 '근로조건'에 해당하지 않아 '근로조건'의 내용을 이루고 있지 않고, 복지포인트 배정을 금원의 지급으로 볼 수 없으므로, 선택적 복지포인트는 과세대상 근로소득에 해당하지 않음. [광주고법2023누10852(2024.01.25.)] → 예외적 판례. 해당 복지포인트를 공무원 복지점수와 달리 볼 이유가 없으며 과세 여부를 달리하는 것은 조세형평에 반한다고 볼 소지가 크다고 판시하고 있다.

▶ **판례**

이 사건 복지포인트는 직접적인 근로의 대가는 아니더라도 임직원들이 원고에게 제공한 근로와 일정한 상관관계 내지 경제적 합리성에 기한 대가관계가 인정되는 급여에는 해당한다. 이 사건 복지포인트는 건강관리, 자기계발 등으로 사용 용도가 제한되어 있고, 정해진 사용기간과 용도 내에서는 복지포인트를 사용하여 필요한 재화나 용역을 자유롭게 구매할 수 있으므로, 임직원들이 복지포인트를 사용함으로써 상당한 경제적 이익을 얻는다고 볼 수 있다.
(대법2024두34122 2024.12.24.)

– 사내근로복지기금법인의 해산 및 세무 관리

임의 해산은 불가하며 모법인의 '사업의 폐지' 등 특수한 경우에만 가능하다.

사업의 폐지로 인하여 해산한 기금의 잔여재산은 근로자에게 미지급한 임금 등 근로자에게 지급할 의무가 있는데 우선 사용한 후 남은 금액은 50/100을 초과하지 아니하는 범위에서 소속 근로자의 생활안정자금으로 지원이 가능하고 나머지 재산은 정관으로 지정한 자에게 귀속한다. 나머지 잔여재산이 있는 경우 근로복지진흥기금에 귀속한다.

Q. 정관으로 지정한 자를 사용자로 지정하는 것이 가능한가요?

「근로복지기본법」에서는 사내근로복지기금과 유사한 기능을 하는 자로 정의해 놨기 때문에 사용자로 지정하는 것은 불가할 것 같다.

기금법인은 비영리법인이므로 예산을 작성해야 하며 회계 기간이 끝나고 3개월 이내에 고용노동부에 제출한다.

기금법인의 회계는 법인세법상 수익사업과 수익사업 외로 구분하여 기록하고 국세청에 신고한다.

– 내일채움공제

내일채움공제는 중소기업 핵심인력의 장기재직의 촉진 및 중소기업 인력양성을 위하여 운영하는 정책으로 중소(중견)기업 사업주와 핵심인력이 공동으로 적립한 공제금을 가입기간에 따라 장기 재직한 핵심인력에게 성과보상금 형태로 지급하는 정책이다. 가입한 중소기업은 기업납입금 전액 비용인정 및 연구인력개발비 세액공제 적용한다. 가입한 근로자 만기 시, 본인 납입금 대비 3배 이상(세전) 수령 가능하고 기업 납입금에 대한 근로소득세의 50% 상당 감면된다.

부수적으로 중소벤처기업진흥공단이 추진하는 정책이므로 관련 정부지원금과 정책대출 시 가점 사항이 된다.

▸ 내일채움공제

내일채움공제는 중소벤처기업진흥공단이 「중소기업 인력지원 특별법」에 따라 중소기업 핵심인력의 장기재직의 촉진 및 중소기업 인력양성을 위하여 운영하는 정책으로 중소(중견)기업 사업주와 핵심인력이 공동으로 적립한 공제금을 가입기간에 따라 장기 재직한 핵심인력에게 성과보상금 형태로 지급하는 정책이다.

가입자 혜택

가입한 중소기업은 기업납입금 전액 비용인정 및 연구인력개발비 세액공제 적용한다.

① 기업 납입금에 대하여 손금(법인기업) 또는 필요경비(개인기업) 인정
② 일반연구·인력개발비 세액공제 적용 → 당기 발생액의 25% or 증가발생액(당기 발생액 - 전기 발생액)의 50% 선택
* 해당 기업의 최대 주주 등 대통령령으로 정하는 사람은 제외(관련법령 참조)하고, 5년 내 중도해지로 중소기업이 환급받은 금액은 납입비용에서 차감한다.
* 조세특례제한법 시행규칙(17.03.17.) 이후 납입하거나 중도해지로 환급받는 경우부터 적용

가입한 근로자 혜택

① 만기 시, 본인 납입금 대비 3배 이상(세전) 수령 가능
② 만기 시, 기업 납입금에 대한 근로소득세의 50%(중견기업 30%) 상당 감면
* 해당 기업의 최대주주 등 대통령령으로 정하는 사람은 제외(관련법령 참조)

납부방법은 사업주와 직장인이 최소 5년간 매월 34만 원 이상, 1만 원 단위로 공동하여 납입하게 되며 근로자와 사용자의 비율은 1:2 이상이다. 예를 들어 근로자가 10만 원을 납부하면 매월 사용자는 24만 원을 내야 한다. 납부금은 매월 지정일인 5일, 15일, 25일 중 선택하여 자동이체로 할 수 있으며 다만 최초 1회 차에 대해서는 청약 승인 후 3영업일에 출금된다. 지정일에

미납된 금액은 다음 납부일까지 총 2회에 한하여 자동이체로 수납하게 되며 예를 들어 납입일이 매월 15일인 경우, 당월 25일 및 익월 5일까지 수납처리가 된다. (출처: 중소벤처기업진흥공단)

– 워라밸일자리 관련 장려금

실근로시간단축제(워라밸일자리 장려금)는 장시간 근로문화 개선 등을 위해 근로시간 단축 계획을 수립하여 기업 전반의 실근로시간을 단축한 사업주를 지원하는 제도이다. 지원대상은 중소기업을 대상으로 하며 유흥이나 사행성 업종 등의 기업은 제외한다. 실제 근로시간 단축 제도를 시행하기 위한 세부 추진계획을 수립하고 시행 기간별 실근로시간이 단축 시행 직전 3개월과 비교하여 주 2시간 이상 감소(전자/기계적 방식으로 출퇴근 기록, 관리)하여야 한다. 지원 인원 1인당 단축 장려금 월 30만 원(정액)을 지급한다.

재택근무지원금(유연근무제 장려금)은 코로나19 이후 바뀐 기업 환경과 워라밸을 제고하기 위한 지원금이다. 중소기업(유흥이나 사행성 업종 등 제외)이 주소정근로시간을 준수하고 재택근무 내용이 기재된 근로계약서를 작성(전자/기계적 방식으로 출퇴근 기록)한 경우 연간 인당 180만 원에서 360만 원을 한도로 현금으로 지원한다. 실제 코로나19 이후 재택근무를 하는 기업들이 많은데 요건만 맞으면 지원금을 신청하면 된다.

일·생활 구축비(일·생활 균형 인프라 구축비)는 기업의 일·생활 균형 인프라 지원을 통한 유연근무 활성화를 위해 유연근무 활용 또는 근로시간 단축 이행에 필요한 시스템 설치비용의 일부를 지원한다.

워라밸일자리 지원금과 유연근무 지원금은 중복해서 받을 수 없다.

▸ 실근로시간단축제

장시간 근로문화 개선 등을 위해 근로시간 단축 계획을 수립하여 기업 전반의 실근로시간을 단축한 사업주를 지원하는 제도이다. 지원대상은 우선지원대상기업(중소기업) 및 중견기업을 대상으로 한다. 유흥이나 사행성 업종, 임금체불 및 중대산업재해 발생 등으로 명단이 발표된 사업주, 공공기관이나 국가, 지자체 등의 기업은 제외한다.

충족 조건

① 실근로시간 단축 제도를 시행하기 위한 세부 추진계획 수립

② 시행 기간별 실근로시간이 단축 시행 직전 3개월과 비교하여 주 2시간 이상 감소

③ 전자/기계적 방식으로 출퇴근 기록, 관리

지원 내용

① 지원 인원 1인당 단축 장려금: 월 30만 원(정액)

② 한도: 전체 피보험자의 30%에서 최대 70명, 10인 미만 사업장은 3명까지 가능

지원 제외 근로자

① 고용보험에 가입되어 있지 않은 근로자

② 사업계획서 제출 후 신규로 고용되어 피보험자격을 취득하게 된 근로자

③ 단축 전부터 재직 중이던 근로자의 퇴사 또는 이중 취득에 의한 상실로 산정 대상 기간 매월 말일 기준 피보험자격 상실자

④ 월평균 보수가 121만 원 미만인 근로자

⑤ 사업주(법인의 경우 법인의 대표이사)의 배우자, 직계 존비속

신청 방법

① 사업주가 관할 고용센터에 사업계획서 제출, 심사 후 승인

② 사업승인일로부터 6개월 이내 도입해야 하며, 활용한 달의 다음 달 3개월 마다 지원금 신청

▸ 재택근무제

일·생활 균형을 위해 소속 근로자가 유연근무를 활용하는 경우 사업주에게 유연근무 장려금을 지원한다. 지원대상은 우선지원대상기업(중소기업) 및 중견기업이다. 유흥이나 사행성 업종, 임금체불 및 중대산업재해 발생 등으로 명단이 발표된 사업주, 공공기관이나 국가, 지자체 등의 기업은 제외된다.

충족 조건

① 1주 소정 근로시간: 35시간 이상 40시간 이내

② 주 1회 재택근무(2025년 개정사항)

③ 재택근무 내용이 기재된 근로계약서 작성

④ 전자/기계적 방식으로 출퇴근 기록, 관리. 일자별 근로자 동의서

지원 내용

① 4일~7일: 월 15만 원

② 8일~11일: 월 20만 원

③ 12일 이상: 월 30만 원(연간 360만 원 한도)

④ 임산부의 경우 위 지원금의 2배

⑤ 한도: 전체 피보험자의 30%에서 최대 70명, 10인 미만 사업장은 3명까지 가능

지원 제외 근로자

① 고용보험에 가입되어 있지 않은 근로자

② 사업주(법인의 경우 법인의 대표이사)의 배우자, 직계 존비속

③ 대한민국 국적을 보유하지 않은 외국인, 다만 「고용보험법」 적용 대상인 거주(F-2), 영주(F-5), 결혼이민자(F-6)는 가능

④ 월평균 보수가 121만 원 미만인 근로자

신청 방법

① 사업주가 관할 고용센터에 사업계획서 제출, 심사 후 승인

② 사업승인일로부터 6개월 이내 도입해야 하며, 활용한 달의 다음 달 3개월마다 지원금 신청

지원금 신청 시 필요 서류

① 재택근무 전후의 근로계약서

② 재택근무자의 월별 임금대장

③ 이체확인증

④ 실제 시행사실을 확인할 수 있는 일자별 근로자 동의서

주의 사항

① 피보험자의 30%를 지원한다고 전체 승인이 되는 건 아님(심사 후 결정)

② 최초 사업계획서 제출 시 근로자가 지정되어야 하며, 1년 동안 유지가 되어야 함

③ 매년 근로자 지원 시 과거 지원받은 근로자는 신청 불가(최대 1년 동안 지원)

▶ 일·생활 균형 인프라 구축비

기업의 일·생활 균형 인프라 지원을 통한 유연근무 활성화를 위해 유연근무 활용(근로시간 단축 포함) 또는 근무혁신 이행에 필요한 시스템 설치비용의 일부를 지원한다. 지원 대상은 우선지원대상기업(중소기업) 및 중견기업.

지원 요건

① 인프라 구축을 위한 사업계획 수립 및 고용센터의 승인

② 지원 대상 품목의 사용 의무기간(최대 3년) 준수

③ 인프라 지원 대상 품목을 목적에 맞게 사용

지원 내용

- 근무 혁신

① 재택·원격 근무: 근태관리 시스템 + 정보보안 시스템 → 투자비용의 50%, 2천만 원 한도

② 일·생활 균형 우수기업: 근태관리 시스템 + 정보보안 시스템 → 투자비용의 80%, 2천만 원 한도

- 근로시간 단축

① 유연근무: 근태관리 시스템 → 투자비용의 70%, 750만 원 한도

신청 방법

① 사업주가 관할 고용센터에 사업계획서 제출, 심사 후 승인

② 통보일의 다음 달에 1차 지원금(승인 금액의 50% 이내) 신청 가능

③ 사업승인일로부터 6개월 이내에 투자를 완료하고, 완료한 달의 다음 달 1년 이내에 신청

(출처: 고용노동부)

2

정부지원금 활용

사업계획서와 더불어 가점을 받을 수 있는 기업부설연구소, 특허, 벤처(셋을 묶어 '경력'이라 하겠다)를 준비해야 한다. 책의 구성상 성장기에 설명하고 있지만 창업 초기부터 경력을 쌓아야 한다. 회사에 입사하기 위해 경력을 쌓듯이 정부지원금을 신청하기 위해서도 경력을 쌓아야 한다. 벤처기업 인증을 받은 상태에서 기업부설연구소를 설립하면 인적구성에서 연구원 인원을 줄일 수 있어 설립이 용이해진다. 기업부설연구소 연구결과로 특허를 취득하면 기본 경력이 완성된다. 여기에 이노비즈, 메인비즈 인증까지 받으면 완벽한 경력을 갖추게 된다. 당연히 정부지원금 신청 자격도 넓어지고 참여 시 가점도 받게 된다. 기본적으로 IT 업종이나 수출기업이 경력을 쌓기에 유리하다. 하지만 IT 업종이나 수출기업이 아니더라도 정부지원금을 받을 수 있다. 거래처 중에 애완용 강아지나 고양이와 관련된 업체였지만 정부지원금을 받았다. 기업부설연구소, 특허, 벤처인증 차례대로 살펴보겠다.

– 기업부설연구소 설립 및 연구개발비 세액공제

기업부설연구소는 일정 요건(인적요건과 물적요건)을 갖춘 기업이 연구개발조직을 신고하면 설립을 인증해 준다. 인증 획득한 기업에 세액공제와 정부지원금 참여(자격요건이 되기도 한다) 시 가점을 준다.

기업부설연구소와 관련된 기관은 국세청과 한국산업기술진흥협회(Koita 이하 '코이타'라 한다)가 있다. 국세청은 인가받은 기업부설연구소가 연구활동을 실제로 수행하고 있는지를 조사하여 세액공제의 적정성을 판단하는 기관이다.

기업부설연구소는 설립하고 사후 신고하는 체계로 되어 있다. 코이타는 선설립한 기업부설연구소를 인증해 주는 기관이다. 회사는 신고 인정요건(인적, 물적시설)을 갖춘 상태에서 서류(기업부설연구소 신고서, 연구사업 개요서, 연구소 직원현황, 연구시설 명세서, 사업자등록증 사본, 연구소 조직도 및 회사 조직도, 연구소 도면, 전용 출입구 현판 사진 및 내부 사진, 벤처기업인 경우 벤처기업 확인서)를 작성하여 온라인 시스템을 통해 담당 기관인 코이타에 신고하고 이후 인정요건을 통과하면 설립인가가 나오게 된다. 이러한 내용들은 기존에 작성된 사업계획서의 내용을 활용하면 쉽게 작성할 수 있다.

연구소는 기업부설연구소와 연구개발 전담부서로 구분된다. 기업부설연구소에서 연구개발 활동을 하는 연구 전담 직원은 연구개발 업무에만 전념할 수 있도록 다른 업무를 겸직하게 하면 안 된다. 따라서 소기업 기준으로 최소 3명(벤처기업은 2명)이 있어야 기업부설연구소 설립이 가능하다. 연구개발 전담부서는 연구원이 1명만 있어도 가능하다. 인적요건은 4대보험 가입자명부가 기준이다. 물적요건은 독립된 연구공간과 연구시설만 보유하면 되고 연구 면적이 50㎡ 이하인 경우는 파티션으로 독립된 공간 확보만 해 줘도 가능하다. 작성된 신고 서류들을 바탕으로 설치 신청을 완료하면 신청일로부터 7일 이내에 인증서가 발급된다.

1단계	2단계	3단계	4단계	5단계
선설립	온라인 신청	접수	심사	연구소 인정

연구소 설립 5단계

기업부설연구소가 설립되고 나면 연구개발 활동, 인적 자격요건, 세액공제 등에 대해서 국세청과 코이타에서 사후관리를 한다.

코이타는 연구일지, 연구노트, 연구주제 등에 대해서 현지 확인 조사를 진행해 미비한 부분이 있으면 보완해서 제대로 운영할 수 있도록 보완해 준다. 현지 확인 조사를 나오는 이유는 기업부설연구소 취소 목적이 아니기 때문이다. 또한 연구소에서 수행하는 연구개발 활동에 대해서 '연구개발 활동조사표'를 매년 4월 말까지 협회장에게 제출하면 현지 조사는 거의 받지 않는다.

국세청은 세액공제 신청 기업을 중점 관리한다. 기업부설연구소는 2023년 이전까지는 업체 세무조사 시 세액공제 적정성을 함께 조사(기업부설연구소가 있는 경우)하는 경우는 있었지만 기업부설연구소 단독으로 문제가 되는 경우는 거의 없었다(탈세 수단으로 악용). 2023년은 법인, 2024년은 개인 위주로 기업부설연구소 소명 자료 제출을 요구받았고 실제 연구개발 활동 결과가 있었던 업체도 연구원으로 등록된 근로자가 연구활동에만 전념해야 하는데(중소기업 사정상 겸직하는 경우가 대부분) 이를 소명할 수 없어 대부분의 업체가 수정신고 후 세금을 납부했다. 2024년 세법 개정으로 연구개발 활동을 '연구개발'이란 과학적·기술적 진전 또는 새로운 서비스 및 서비스 전달체계 개발을 위한 체계적이고 창의적인 활동(이하 '연구활동'이라 한다)으로 규정을 명시해 뒀다. 체계적이고 창의적인 활동을 추가해 연구개발 결과를 소명하기가 더욱 어려워졌다. 기업부설연구소 세액공제는 실제 연구개발 활동을 수행하는 업체만 공제받아야 한다.

- 특허 활용을 통한 절세 전략

특허는 기업부설연구소의 연구개발 활동의 결과물을 변리사와 잘 소통해서 출원을 받아 놓도록 한다. 비과세 중 특허와 관련된 항목으로 직무발명보상제도가 있다.

만약 법인 대표가 개인 기업일 때 특허를 출원해 놓은 게 있다면 법인에 양도를 고려해 볼 수 있다.

특허권에는 출원권자와 발명자가 있다. 특허를 발명한 자를 발명자라 하고 특허를 출원한 자를 출원권자라 한다. 당연히 관계에 따라 경제적인 부분이 제공되어야 한다. 직무발명보상제도란 발명자가 특허사용권을 제공하면 특허권자는 직무발명보상을 해 주는 제도이다. 출원권자가 법인이고 발명자가 개인인 경우 개인은 특허사용권을 주고 법인은 개인에게 특허사용권과 관련된 대가(직무발명보상금)를 주는 것이다.

직무발명보상금은 어떤 종류의 보상인지 그리고 지급제도와 정비목적 연계성을 파악해야 하여 이에 적합한 금액 여부를 검토하여 타당성 있게 지급한 후 사후관리를 해야 한다. 하지만 법인 대표자를 발명자로 해서 직무보상금을 무리하게 지급하는 것이 세무조사에 자주 적발되어 비과세 금액(2025년 기준 7백만 원)이 계속해서 줄어들었다. 취지가 좋은 규정이 세법이 개정되는 것을 보면 요건을 속이거나 악용하기 때문이다. 좋은 취지의 규정이 잘 유지되도록 탈세의 수단으로 악용하지 말아야겠다.

- 혁신성장유형 벤처인증

벤처 유형에는 벤처투자유형과 연구개발유형, 혁신성장유형이 있다. 벤처투자유형은 CHAPTER 2에서 설명하였고 연구개발유형은 매출액의 5% 이상 개발비 지출이 있어야 창업감면을 해 주기 때문에 설명을 생략하겠다. 혁신성장유형 벤처인증에 대해서 살펴보겠다.

혁신성장유형 벤처인증은 신청기업의 기업개요, 대표자 정보 등을 작성하여 신청하고 사업계획서를 제출해야 한다.

사업계획서의 내용은 정부지원금 사업계획서와 별 차이가 없다.

사업계획서 작성 순서

① 제품/서비스의 개발 배경 및 필요성

- 신청기업의 제품/서비스의 부재 시 사회 및 소비자가 겪게 되는 문제

② 솔루션으로서 제품/서비스 소개

- 문제를 해결할 솔루션으로서 제품/서비스의 핵심 기능과 비즈니스 모델

③ 제품/서비스 관련 기술개발 경과 및 계획

- 제품/서비스의 기능을 구현하고 고도화하기 위한 기술개발 추진경과와 계획

④ 목표시장 및 고객 정의

- 정의한 목표 시장의 범위와 예상 규모 및 성장성

⑤ 경쟁사 분석

- 시장 내 유사한 제품/서비스를 제공하는 경쟁사의 현황 및 경쟁우위 요소

⑥ 시장진입 및 확대 전략

- 시장진입 및 확대를 위한 마케팅 등의 추진경과와 계획

⑦ 자금운용 계획

- 사업에 필요한 자금의 대략적 규모 산정과 외부 조달을 포함한 계획

⑧ 팀 구성

- 대표자의 기업가정신 발휘 경험과 연구개발 전담조직 및 기술인력 보유 현황

사업계획서 요약 (출처: 벤처확인종합관리시스템)

<table>
<tr><td colspan="2">

✓ 기존 시장에 ____________니즈(문제)가 있는데, ____________한 이유로 사람들이 여전히 필요로 하고(불편을 겪고) 있음

✓ 당사에서 ____________한 방식으로 해결책을 찾았으며, 이는 기존 시장의 기술(제품, 서비스)과 ____________ 차이를 보유하고 있음

✓ 현재 당사에서 보유 또는 개발 중인 기술(제품, 서비스)명은 ____________________로, 전체 시장은 ____________ 규모이며 이 기술(제품, 서비스)로 잠재고객들의 니즈를 충족시킬 경우 이 시장의 규모는 연평균 ___%의 성장을 기대할 수 있음

✓ 당사 기술(제품, 서비스)은 ____________에 기반하여 ____________한 특징을 갖고 있으며 ____________한 이유로 기존 문제에 대한 혁신적인 해결책으로, 잠재 고객들의 만족도가 훨씬 높을 수 있음

✓ 기술(제품, 서비스)에 대한 _____________ 등 ___ 건의 지식재산권과 _________ 및 ___명의 연구개발조직을 보유하여 ___건의 기술개발을 완료(수행)하는 등 끊임없는 연구개발에 노력하고 있으며, 지속 발전이 가능한 기술적 역량을 보유하고 있음

✓ 기술(제품, 서비스)을 통한 시장진입을 위해 ____________ 등의 마케팅 활동을 진행 중으로 현재 ______ 규모 정도의 시장을 확보하고 있으며, 시장확대를 위해 향후 3년간 _________ 등의 마케팅 계획을 수립하여 진행할 계획

✓ 당사가 제시하는 이러한 성과가 가능한 이유는 당사에 ____________한 역량이 있기 때문이며 이를 더욱 강화하여 향후 ___년간 _____________한 ____________ 성장을 해낼 것임

</td></tr>
<tr><td>작성 요령</td><td>

▸ 전체 사업계획서의 요약 자료로, 양식에 맞게 작성
▸ 사업계획서에 작성될 상세내용과 일치하게 작성하며, 스토리 텔링의 형식을 적용하여 입력 칸에 들어갈 내용에 맞게 작성(양식 변경 불가)
▸ 기술의 개발동기 → 개발방법 → 기술(제품, 서비스)의 시장규모 → 보유 개발 역량 → 마케팅 계획 → 기대 성장효과 순으로 작성

</td></tr>
</table>

모든 절차는 벤처확인종합관리시스템(www.smes.go.kr/venturein)을 통해 진행되면 약 45일이 소요된다. 벤처 혜택은 벤처투자유형과 동일하다.

– 사업계획서 필요성과 활용

CHAPTER 2. 정책대출 부분에서 신용에 대해서 설명하였다. 신용은 돈이다. 신용의 크기는 돈의 크기이다. 신용이 커지면 돈이 커진다. 고객(B2B), 소비자(B2C), 은행, 소진공, 신보, 기보, 중진공, 정부, 투자자 모두 나의 신용을 본다. 고객은 기업의 문제 또는 욕구를 해결하거나 충족시킬 수 있는지, 소비자는 개인의 문제 또는 욕구를 해결하거나 충족시킬 수 있는지, 은행 및 대출기관은 이자를 제때 내고 대출금을 상환할 수 있는지. 정부나 투자자는 돈을 잘 벌 수 있는지, 고용은 창출하는지가 신용의 척도이다.

이들은 끊임없이 묻는다. 아이템이 무엇인지, 기술성과 혁신성이 있는지, 기존 기술을 모방한 것은 아닌지, 만들 능력은 있는지, 팔 능력은 있는지, 팔 사람은 있는지, 경쟁사는 누구인지, 경쟁사와 차별화되는지, 개발하는 기간은 얼마나 걸리는지, 손익분기점은 가능한지, 수출은 가능한지, 고용창출은 되는지, 연구소는 있는지, 인증은 있는지, 특허는 있는지….

어질어질하다. 하지만 본서를 잘 읽었다면 이 질문이 낯설지는 않을 것이다. 사업계획서를 작성하면서 고민했던 내용과 '대동소이'하다는 것을 알았을 것이다.

얼마나 다행인가!!! 사업계획서를 제대로 작성하면 이 질문에 90% 이상은 대답이 가능하다. 10%는 대답은 가능하지만 준비되지 않은 경우를 가정한 것이다.

사업계획서는 신용을 보여 준다. 사업계획서가 고도화되고 구체적으로 실현 가능하다는 것을 보여 주면 신용이 커진다.

구체적으로 살펴보자.

정부와 투자자는 사업계획서를 통해 기업의 신용을 평가한다.

사업계획서가 마케팅 기획서가 된다는 것은 CHAPTER 2. 정부지원금 부분에서 이미 설명했다. 사업계획서의 로직은 마케팅 기획서의 로직과 같다. 즉, 고객과 소비자의 마음을 얻어 우리 제품을 사도록 하는 로직이다.

정책자금 대출기관은 재무제표와 기업부설연구소, 특허, 벤처인증을 통해 기업의 신용을 평가한다. 중진공은 사업계획서를 통해 사업 성장성과 사업성을 보여 준다. 보증기금은 기업개요표(기술역량평가용), 기술보증기금은 기술사업계획서를 통해 기업의 신용을 평가한다. 혁신성장유형 벤처인증 시 제출하는 사업계획서는 정부지원금 기술개발 사업계획서와 대동소이하다. 은행은 재무제표와 담보 그리고 TCB 평가를 통해 기업의 신용을 평가한다. TCB 평가는 비재무적 요소인 기업부설연구소, 특허, 벤처인증을 평가한다.

요약하면 정부지원금 사업계획서를 활용하면 기업부설연구소를 설립하고 연구 개발하여 특허를 취득할 수 있고, 마케팅 기획서, 혁신성장유형 벤처인증, 중진공 사업계획서, 신보 기업개요표, 기보 기술사업계획서를 작성할 수 있다.

이처럼 사업계획서는 다양하게 활용할 수 있다.

하지만 필자가 사업계획서를 강조하는 가장 중요한 이유는 삶의 질과 자존감 때문이다. 신용이 높은 사업계획서는 고객의 목소리가 많이 들린다. 고객의 목소리가 추상적이라면 내가 이용하는 식당이나 업체 중 단골로 이용하는 곳을 생각해 보면 된다. 내가 단골로 이용하는 이유가 고객의 목소리다. 고객의 문제를 책임감을 지고 해결해 주고 고객이 믿고 맡길 수 있는 신뢰를 주는 경우 단골이 될 것이다. 책임감은 판매 이후를 책임질 수 있는 상품과 기술을 팔려고 할 때 생긴다. 사업계획서의 항목과 고객의 목소리를 치열하게 고민했을 때 내 상품과 기술이 대체 불가한 상품과 기술이 되고 그때 내 상품과 기술의 가격을 높일 수 있다. 가격을 높이지 않고 수량만 늘리게 되면 결국 사업에 몸을 갈아 넣어야 한다. 몸을 갈아 넣어도 몸이 한 개뿐인 이상 한계가 있다.

요약하면 고객을 문제를 책임감을 가지고 해결하고 고객의 신뢰를 얻을 때 가격을 높일 수 있고 삶의 질도 높일 수 있으며 일에 대한 보람이 생기고 자존감이 높아진다.

– 업력에 따른 정부지원금

예비 창업

지원 사업	지원 대상	지원 내용	신청 기관	과제 및 제출 서류
예비창업 패키지	예비창업자	사업화 자금 최대 1억 원 (평균 0.5억 원) 지원 및 창업프로그램 제공	(www.k-startup.go.kr)을 통해 온라인 신청·접수	사업계획서, 증빙서류 등
신사업창업 사관학교	예비창업자	사업화 자금 최대 4천만 원(평균 2천만 원), 창업교육, 점포경영체험 지원	신사업창업사관학교 홈페이지를 통한 신청·접수	신청서, 사업계획서 등

3년 이내 창업 초기

지원 유형	지원 사업	지원 대상	지원 내용	신청 기관	과제 및 제출 서류
창업 성장 기술 개발	디딤돌	① 창업 후 7년 이내인 ② 매출 20억 원 미만의 ③ 중소기업	연구개발비 75% 이내 지원 (최대 1.5년, 2억 원 한도)	범부처통합 연구지원시스템(IRIS) 홈페이지 (www.iris.go.kr) 등	연구개발 계획서, 기타 근거서류 등
	TIPS		연구개발비 75% 이내 지원 (일반: 최대 2년, 5억 원 한도 글로벌: 최대 3년, 12억 원 한도 딥테크: 최대 3년, 15억 원 한도)		
	창업성공 패키지	① 만 39세 이하 (청년창업) ② 창업 3년 이내 기업	창업 공간, 교육 및 코칭, 기술지원, 사업비 지원 (최대 1억 원), 정책사업 연계 등 종합 연계지원 방식	K-Startup (www.k-startup.go.kr) 온라인 접수	사업계획서, 증빙서류 등
	콘텐츠 엑셀러레이터 연계사업화지원	콘텐츠 분야 초기 스타트업 (창업 7년 이내) 및 민간 콘텐츠 액셀러레이터	사업화 자금지원 (최대 9천만 원), 액셀러레이터 연계 프로그램 지원	한국콘텐츠진흥원 홈페이지 및 e나라도움 시스템을 통한 온라인 신청·접수	신청서 및 사업계획서 등
	농식품 벤처육성 지원	농식품 분야 창업 5년 이내 기업	사업화 자금지원 (5년간, 연 3천만 원) 및 투자유치·판로개척을 위한 특화프로그램 제공	농식품창업정보망(www.a-startups.or.kr) 공고를 통한 시스템상 신청·접수 또는 우체국 등기를 이용한 우편 접수	사업계획서, 증빙서류 등

7년 이내 성장기

지원 유형	지원 사업	지원 대상	지원 내용	신청 기관	과제 및 준비 서류
중소기업 기술혁신 개발	수출지향형	① 최근연도 매출액 20억 원 이상 (수출지향형 50억 원 이상) ② 중소기업	연구개발비 65% 이내 지원 (최대 4년, 20억 원 한도)	범부처 통합 연구지원 시스템(IRIS): www.iris.go.kr	연구개발계획서, 신청 자격서류 등
	시장확대형		연구개발비 75% 이내 지원 (최대 3년, 36억 원 한도)		
	시장대응형		연구개발비 75% 이내 지원 (최대 2년, 5억 원 한도)		
중소기업 연구인력 지원	신진 연구인력 채용지원	① 신진 연구인력 채용한 ② 중소기업	최대 3년, 기준연봉 50% 한도	(IRIS): www.iris.go.kr	연구개발계획서, 가점 증빙서류 등
	고경력 연구인력 채용지원	① 고경력 연구인력 채용한 ② 중소기업	최대 3년, 연봉 50% (최대 연 5,000만 원)		
지역혁신 선도기업 육성	주력산업 생태계구축	비수도권 14개 시도 소재 주력산업을 영위하는 중소기업	연구개발비 75% 이내 지원 (최대 2년, 연 7억 원 한도)	온라인 접수처 http://www.smtech.go.kr	연구개발계획서, 가점 증빙서류 등
	지역기업 역량강화		연구개발비 75% 이내 지원 (최대 2년, 연 2억 원 한도)		
	창업도약 패키지	업력 3년 초과 7년 이내 창업기업	사업화 자금 (최대 3억 원) 도약기 창업프로그램	www.k-startup.go.kr	사업계획서, 증빙서류 등

<table>
<tr><td rowspan="2">산학연 Collabo R&D</td><td>컨소시엄형 (2~4개 일반형 과제로 구성)</td><td>(주관연구개발기관) 기업부설연구소 또는 연구개발전담부서를 보유하고 있거나 설치계획이 있는 중소기업</td><td>연구개발비 75% 이내 지원 (1단계 8개월, 2억 원 이내, 2단계 최대 2년, 10.4억 원 한도)</td><td rowspan="2">범부처 통합 연구지원 시스템(IRIS): www.iris.go.kr</td><td rowspan="2">연구개발계획서, 신청서, 가점 증빙서류 등</td></tr>
<tr><td>일반형 (산학협력, 산연협력)</td><td>(공동연구개발기관) 산학연협력 R&D 공동연구개발기관으로등록된 대학 또는 연구기관</td><td>연구개발비 75% 이내 지원 (1단계 8개월, 0.5억 원 이내, 2단계 최대 2년, 2.6억 원 한도)</td></tr>
</table>

▸ 기업부설연구소 인적요건과 물적요건

<table>
<tr><th colspan="3">구분</th><th>신고요건</th></tr>
<tr><td rowspan="6">인적요건</td><td rowspan="5">연구소</td><td>벤처, 연구원·교원창업기업</td><td>연구전담요원 2명 이상</td></tr>
<tr><td>소기업</td><td>연구전담요원 3명 이상
(창업 후 3년 이내 2명 가능)</td></tr>
<tr><td>중기업/국외기업부설연구소</td><td>연구전담요원 5명 이상</td></tr>
<tr><td>중견기업</td><td>연구전담요원 7명 이상</td></tr>
<tr><td>대기업</td><td>연구전담요원 10명 이상</td></tr>
<tr><td>전담부서</td><td>기업 규모와 관계없이 동등</td><td>연구전담요원 1명 이상</td></tr>
<tr><td>물적요건</td><td colspan="2">연구시설 및 공간요건</td><td>연구개발 활동을 수행해 나가는 데 있어서 필수적인 독립된 연구공간과 연구시설을 보유하고 있을 것</td></tr>
</table>

▸ **직무발명보상금 혜택 정리**

	기업의 혜택	근로자의 혜택
직무발명 보상금	- 연구개발비 세액공제 1. 신성장, 원천기술 관련 세액공제율 = 1) + 2) 1) 중소: 30% 코스닥상장중견: 25% 그 외: 20% 2) MIN (1), (2) (1) $\frac{\text{신성장, 원천기술 연구개발비}}{\text{해당연도 수입금액}} \times 3$배 (2) 한도: 10%(코스닥상장중견 15%) 2. 일반 연구인력개발비 중소기업 혜택 (1) (해당-직전연도 연구인력개발비) × 50% (2) 해당연도 연구인력개발비 × 25%	700만 원 한도 비과세

3

성장기 자금조달과 활용

– 대출과 레버리지 효과

대출금리와 대출액은 신용과 관계가 깊다. 넷플릭스「오징어 게임 2」 100번 참가자 임정대(채무액 100억 그래서 100번인가 보다)가 다른 참가자들에게 본인 채무액이 공개되자 큰소리치며 말한다. “100억 빚지는 게 쉬운 줄 알아? 아무나 100억 빌릴 수 있는 거 아니야! 스케일이 되니까 빌리는 거야!” 드라마에서 빌런이지만 맞는 말이다. 스케일 대신 신용이라는 표현이 좀 더 정확하긴 하다. 빚은 신용이라는 자산이다.

자산의 가치는 사용가치와 교환가치의 합이다. 부동산, 미술품 등이 대표적으로 사용 가치와 교환가치가 큰 자산이다. 사업을 운영하면서 자기자본만을 고집할 필요는 없다. 레버리지 효과가 크다면 타인자본을 이용해야 한다. 레버리지 효과란 부동산 등과 같이 사용가치와 교환가치가 큰 자산을 지렛대처럼 이용하여 이익을 높이는 것을 의미한다.

금리(돈의 가치)는 돈의 가치이다. 물가는 물건의 가치이다. 돈의 가치(가격)와 물건의 가치(가격)는 반비례한다. 금리가 낮을 때 물건의 가치(교환가치)는 커진다. 결국 금리가 가장 낮을 때 레버리지 효과는 가장 크다.

레버리지 효과를 위해 타인자본을 이용하기 위해서는 신용이 중요하다. 신용은 대출기관이 나를 바라보는 잣대이다. 은행은 신용을 판단하는 기준이 재무제표와 담보 물건(부동산과 보증서)이다. 정책대출 기관은 기업의 재무적 요소(재무제표)와 비재무적요소(대표자 신용 포함)를 본다. 재무적 요소와 비재무적 요소가 기업의 신용이다. 대표자 개인의 신용은 신용도 점수이다. 신용을 잘 관리해야 레버리지 효과도 볼 수 있고 운영자금이 필요할 때 자금조달이 가능하다. 실제로 신용 때문에 어려움을 겪지 않아 본 경우 의외로 대표자 본인의 신용관리가 허술하다. 귀찮고 번거롭다고 카드론을 이용하거나 현금 서비스를 받아서는 안 될 것이다.

– 중소기업진흥공단 대출

상시 직원이 5명 이상인 경우 소진공이 아닌 중소기업진흥공단(이하 '중진공'이라 하겠다)에서 운영자금과 시설자금을 대출받을 수 있다. 중진공 자금은 자금이 필요한 중소기업을 도와주기 위한 자금이다. 매출도 크게 보지 않는다. 정책 목적성이 강하고 사업의 성장성이 중요하다. 고용 창출과 수출실적이 중요하다. 최근 1년간 고용 증가 실적(4대보험 가입 인원)과 수출실적증명서를 첨부한다. 신청 자격을 보면 수출이 있는 기업을 우대하는 것을 알 수 있다.

부채비율은 2025년 기준 200%가 넘지 않는 것이 좋다. 7년 미만 기업은 부채비율을 보지 않는다고 하였지만 2024년 부채비율이 높은 기업이 미부여(대출이 승인되는 것을 부여, 승인되지 않는 것을 미부여라 한다)됐다. 기업이 존속하는 기간 동안 3번만 받을 수 있고 3번 미부여되면 한 번의 대출 기회가 사라진다.

2023년까지는 선정 방식이 선착순이었는데 2024년부터는 일정 기간 동안 온라인으로 신청 서류를 접수받고 점수가 높은 기업(재무적 평가 + 비재무적 평가 + 정책적합도)에게 자금을 대출해 주고 있다.

우선 기보, 신보 중 한 곳을 택해 보증서를 발급받아 은행에서 대출받고 부족한 자금은 중진공을 이용하면 최대로 대출을 받을 수 있다. 2025년부터는 기대출을 본다는 얘기가 있었지만 확인해 본 결과 다행히 기대출을 보지 않는다고 한다.

– 정책대출과 경매로 사옥에서 근무하기

자금의 용도에 따라 운전자금은 기업을 운영함에 있어 필요한 유동성 자금(원자재, 인건비 등)이고 시설자금은 기계, 설비, 사옥 매입(부동산) 등과 관련된 자금, 시설물(공장 건물, 사무소, 점포, 종업원 숙소, 각종 후생시설) 등의 매입 또는 공사에 필요한 자금이다. 토지를 매입하여 공장을 신축하는 것은 시설자금이지만 토지만 매입하는 것은 시설자금이 아니다. 자동차와 같은 바퀴 달린 동산도 시설자금이 아니다. 시설자금 해당 여부는 위에서 설명한 교환가치(판매가 가능해야 한다)가 있어야 한다.

사옥이나 공장 신축을 위해 시설자금을 고려하고 있는 경우 국토계획법상 토지의 이용실태 및 특성 등을 고려하여 계획을 세워야 한다. 각 지역에 따라 건폐율과 용적률이 다르다. 계획하고 있는 건물 면적에 따라 건폐율과 용적률을 고려하여 토지를 구매해야 한다. 크게 용도지역, 관리지역, 농림지역, 자연환경보전지역으로 구분한다.

건폐율은 대지면적에 대한 건축물의 바닥 면적 비율이고 용적률은 대지면적에 대한 지상층(지하층을 제외) 총면적의 합계(연면적) 비율이다. 주거지역은 전용주거지역, 일반주거지역, 준주거지역으로 구분한다. 예를 들면 제2종 일반주거지역은 최대 60%의 건폐율이 허용(100평의 대지라면 바닥 면적 60평까지 가능)되고 150%에서 250%까지 용적률이 허용(대지 100평당 250평 연면적 가능)된다. 건축물의 층수도 18층 이하의 건물만 가능하다. 해당 지역의 구체적인 건폐율이나 용적률, 층수 제한 등은 지자체 조례를 확인해야 한다.

시설자금은 두 가지 경우로 살펴볼 수 있는데 공장이나 사옥을 신축하는 경우와 공장이나 사옥을 매입하는 경우로 나누어 볼 수 있다. 매입하는 경우는 자금조달의 변수가 크게 없는데 신축하는 경우는 자금 조달 계획이 필요하다. 신축하기 위해 토지를 매입하는 경우 토지를 담보로 대략 80%가량의 대출이 가능하다. 건물은 완공된 건물을 담보로 70% 정도의 대출이 가능하다. 완공된 건물은 담보가치가 있으나 건축 중인 건물은 은행에서 담보가치를 인정해 주지 않는다. 건축 중에는 신용보증기금 등의 보증(기한부 대출)을 받아 대출받고 완공이 되면 담보를 건물로 변경하면 된다. 건축 기간에 따라 변수가 많으니(건설자재, 인건비) 자금 계획이 중요하다.

공장이나 사옥을 매입하는 경우 또는 신축을 위해 토지를 매입하는 경우 경매를 통해 매입하는 것도 가능하다. 매도를 통한 양도차익이 목적이 아닌 실제 사용이 목적이므로 매도에 대한 부담은 없다. 자가로 사용하다 양도차익이 발생하면 부수 이익이라고 생각하면 된다.

매도에 대한 부담이 없으므로 매수(이하 '낙찰'이라 한다)한 경우 인수되는 권리와 점유자(임차인 또는 소유자) 문제만 해결하면 된다. 인수되는 권리에 대한 분석(이하 '권리 분석'이라 한다)은 경매 물건을 낙찰받은 후 매수자(이하 '낙찰자'라 한다)가 매수가격(이하 '낙찰가격'이라 한다) 외 채권자나 점유자에게 추가로 줄 돈이 있는지를 확인하는 것이다.

일반 부동산의 경우 매수자가 매도자에게 매수대금 외 추가로 지급하는 금액은 없다.

경매(공매)로 부동산을 매수하는 경우에는 매수대금 외 추가로 지급할 의무가 없는 경우와 추가로 지급할 의무가 있는 경우가 있다. 권리 분석은 낙찰대금으로 더 이상 추가 자금이 지출되지 않는 소멸되는 권리와 낙찰대금으로 소멸하지 않는 권리를 분석하는 것이라고 이해하면 된다.

소멸되는 권리의 기준점(기준일)이 되는 권리를 '말소기준권리'라 한다. 말소되는 권리는 저당권(근저당권), 압류(가압류), 배당요구를 한 전세권 등이 있다. 용어를 모르고 공부하면 어렵지만 용어에 대한 기본 개념을 알고 공부하면 그리 어렵지 않다.

법정지상권, 유치권 등 복잡한 권리 분석(낙찰대금으로 소멸되지 않고 인수된다)도 있지만 그런 물건은 경매에 참여하지 않으면 된다. 권리를 힘들게 풀어내도 좋은 물건이라는 보장도 없다. 권리 분석에 대한 자료는 대법원 사이트에 가면 모두 확인해 볼 수 있지만 어려우면 경매 사이트에서 제공(유료)해 준다. 실제로 실행하는 경우는 놓치는 것이 없도록 전문가와 상의해야 한다.

경매의 경우 점유자 명도(낙찰 부동산을 점유자로부터 인도받는 것) 문제는 쉽다. 공매의 경우 점유자 명도 문제는 경매에 비해 상대적으로 어렵다.

경매는 간편한 절차로 '부동산 인도명령'이 가능하다. 인도명령이 결정되면 법원이 강제집행(법원의 집행관들이 강제로 점유자를 명도)할 수 있다. 공매는 '부동산 인도명령' 제도가 없다. 그래서 경매보다 공매가 더 싸다. 그 외 경매와 공매는 유사하다.

경매는 강제집행이 가능하고 비용도 점유자가 부담해야 하므로 명도를 어렵게 생각할 필요가 없다. 만약 점유자가 배당(경매 매각대금을 분배받는 것)을 받는 경우라면 명도가 종료되어야 배당받을 수 있으므로 더욱 원만히 명도가 이뤄진다. 지금까지 명도 관련 언급한 사항을 점유자가 잘 이해할 수 있도록 내용증명으로 요약해서 보내 주면 명도는 거의 종결된다. 공매도 강제집행은 없으나 내용증명을 잘 작성하면 법원의 판결까지 가는 경우는 거의 없다. 한 가지 추가하면 착한 낙찰자가 되면 된다. 필자 생각에 착한 낙찰자는 점유자의 그동안 마음고생을 잘 헤아려 주고 그에 대한 보상으로 의무는 아니지만 이사비를 넉넉하게 챙겨 주는 낙찰자다.

타인자본(대출 등)의 레버리지가 가장 큰 경우는 금리가 낮고 부동산을 경매 등으로 싸게 구입한 경우이다.

4

이익잉여금 출구 전략 준비 및 실행

– 배우자 증여 후 이익소각 실무상 검토 사항

배우자 증여 후 이익소각에 대한 기본 개념은 CHAPTER 2. 이익잉여금 출구 전략에서 다뤘다. 이번에는 실제 실행하는 경우 검토해야 하는 사항이다.

배우자 증여 후 이익소각은 실질과세의 원칙에 위배되지 않도록 증여해야 한다. 오랜 국세청과 납세자와의 소송으로 최종 2024년 9월에 대법원 판례가 나왔고 2024년 12월 법이 개정되었다.

개정된 세법을 보면 증여를 통한 양도소득 세부담 회피 방지를 위해 이월과세 적용대상 자산에 양도일 전 1년 이내 증여받은 주식 등 추가 양도소득세 이월과세 적용대상 자산을 확대하겠다는 내용이다.

Q. 배우자 증여 후 이익소각을 과세하기 위한 개정인가요?

아니다. 배우자 증여 후 이익소각을 실질과세원칙을 위반한 것으로 보지 않겠지만 일정 요건을 충족하지 못한 경우에는 과세하겠다는 의미이다. 즉, 배우자 증여 후 이익소각의 구조는 우선 배우자에게 6억(6억이 아니어도 된다) 증여 후 증여받은 주식 6억(취득가액)을 법인에 6억(양도가액)으로 양도하는 과정으로 진행된다. 증여받은 후 즉시 소각하게 되면 취득가액과 양도가액이 같아 양도차액이 발생하지 않으므로 과세가액은 없다. 하지만 법 개정을 통해 증여를 받고 나서 최소한 1년 이상은 보유해야 한다고 법을 개정해 놓음으로써 취득가액 6억을 인정받기 위해서는 최소 1년 이상은 보유(배당도 실시해 주면 좋다)해야 한다. 보유하지 않으면 증여한 배우자의 처음 취득가액(액면가액)으로 과세된다.

Q. 1년 이상 보유만 하면 세금이 없다는 건가요?

아니다. 이 경우 1년 이상을 보유해야 하므로 취득가액은 6억으로 동일하지만 최소 1년간의 시가가 변동(소각 당시 비상장주식평가액이 양도가액이 된다)되므로 양도차익으로 배당소득세가 과세될 수 있다.

Q. 그렇다면 배우자 증여 후 이익소각을 사전 준비한다는 것은 시가가 변동되지 않도록 미리 준비하는 건가요?

사전 준비를 한다는 것은 증여 시점을 법인 설립 후 3년 이내 할 것인지 3년이 지나서 할 것인지를 판단해서 증여 시점을 결정하는 것을 말한다. 물론 이미 2025년에 설립 후 3년이 지났다면 사전 준비를 할 수가 없다.

비상장주식평가는 1년 정도는 특별한 경우가 아니라면 크게 변하지 않는다. 하지만 비상장주식은 3년이 지나지 않은 경우 순자산가치만을 반영하여 평가하게 되어 있다. 3년이 지난 경우에는 순손익가치와 순자산가치를 6:4로 가중평균하게 된다. 이때 순손익가치에는 영업권이 평가되어 3년간 이익이 많이 났다면 순자산가치로만 평가했을 때보다 몇 배가 더 커질 수도 있다. 만약 3년 이내 증여를 하게 되면 주식의 취득가액이 낮게 평가되어 1년간의 양도차액이 크게 변할 수 있다.

따라서 증여 후 이익소각을 준비하고 법인이 3년이 지나지 않았다면 3년이 지난 시점에 증여를 하는 것이 절세에 유리하다.

▶ **조문 요약**

거주자가 양도일부터 소급하여 10년(제94조 제1항 제3호에 따른 주식의 경우에는 1년) 이내에 그 배우자 또는 직계존비속으로부터 토지, 건물 및 주식 그 밖에 대통령령으로 정하는 자산의 양도차익을 계산할 때 양도가액에서 공제할 필요경비는 거주자의 배우자 또는 직계존비속이 해당 자산을 취득할 당시의 취득가액, 자본적지출액으로 한다.(소득세법§97의2 1항)

– 비상장주식 평가

비상장주식 평가는 주식의 이동(양도, 증여, 상속)과 자본거래(증자, 감자)를 하는 경우 세금과 직결된다. 주식평가 요소는 손익가치와 순자산가치이다. 자산 중 부동산이 50% 이하인 법인은 손익가치에 3의 비중을, 순자산가치에 2의 비중[(손익가치 × 3 + 순자산가치 2) / 5]을 둔다. 부동산이 50% 이상인 법인은 손익가치에 2의 비중을 순자산가치에 3의 비중[(손익가치 × 3 + 순자산가치 2) / 5]을 둔다. 부동산 비중이 80% 이상인 법인(사업 개시 후 3년 미만 법인 포함)은 순자산가치로 평가한다.

1주당 가치는 발행 주식 수로 나누면 된다.

손익가치는 직전 3개년도 손익을 가중평균[(직전 3년 손익 × 1 + 직전 2년 손익 × 2 + 직전 손익 × 3) / 6]한다.

지금까지 이익잉여금 출구 전략을 활용하여 주식의 가치를 낮추었다. 주식 이동 시(양도, 증여, 상속) 세금을 낮추기 위함이다. 주식의 가치는 세금의 크기라고 생각하면 된다. 좀 더 구분하면 이익잉여금 출구 전략은 순자산가치를 낮추는 전략이다. 손익가치를 낮추는 전략은 비용(매출을 줄일 순 없다)을 늘리는 것이다. 대표적으로 급여를 생각해 볼 수 있다. 중요한 것은 주식의 이동 시점이다. 미리 준비하면 얼마든지 절세가 가능하다. 하지만 준비하지 않은 상태에서 주식이 이동(상속이 개시)하면 과도한 세금을 납부할 수 있다.

비상장주식 평가 시 부동산의 평가는 원칙적으로 기준시가와 장부가액 중 큰 금액으로 한다. 법인세법상 장부가액에는 유보금액을 차가감한다. 단, 평가일 현재 부동산 보유비율이 50% 이상인 법인은 해당 부동산을 감정평가할 수 있다.

추가로 상속, 증여 시 부동산 감정평가를 받을 것인지 기준시가로 신고할 것인지는 세무사들 사이에서도 의견이 다르다. 2020년 상증세법사무처리규정(이하 '사무처리규정'이라 한다) 개정으로 지방국세청장 또는 세무서장은 상속세 및 증여세가 부과되는 재산 중 비주거용부동산 등에 대해 감정기관에 의뢰하여 평가할 수 있다는 감정평가 근거를 마련했다. 2024년 12월 부동산 감정평가를 확대한다는 보도자료가 나가고 사무처리규정이 개정(72조 감정평가 대상 및 절차)됐다. 2025년 1월부터 상속세 결정기한이 도래하는 부동산에 주택을 포함하였다. 사무처리규정의 개정 연혁을 살펴보면 국세청은 기준시가와 시가의 차이를 감정평가를 통해 과세형평을 이루고자 한다. 하지만 현재까지 판례를 살펴보면 법원의 판단은 경우에 따라 다른 의견이다.

감정가액을 시가로 인정하지 않는 판례의 판단 기준을 요약하면 상증세법에서 부동산의 시가는 상속개시일 전후 6개월을 의미한다. 시가란 해당 부동산의 매매가액을 말한다. 해당 부동산의 매매가액이 없는 경우 유사매매가액, 감정가액, 환산가액, 기준시가의 순으로 시가를 결정한다. 다만 '가격 변동의 특별한 사정이 없는 경우' 상속개시일 2년 전과 상속개시일 이후 상속세 결정기한(상속세 신고기한 후 9개월)까지 감정기관에 의뢰하여 평가한 가액도 시가로 인정한다.

과세관청은 '가격변동의 특별한 사정'은 통상적으로 가격변동을 일으킬 만한 모든 사정을 의미하는 것이 아니라 이례적으로 가격변동을 일으킬 만한 사정을 의미하는 것으로 좁게 해석하여 일반적인 지가변동률은 '가격변동의 특별한 사정'으로 보기 어렵다고 주장하였다.

법원은 일반적인 지가변동 역시 '가격변동의 특별한 사정'에 해당하는 것으로 해석하여 상속개시일(평가기준일)과 평가기간(상속개시일 전후 6개월 이후)을 벗어난 가격산정기준일 사이에 기준시가가 변동되는 것도 가격변동의 특별한 사정이 있으므로 감정가액을 시가로 인정하지 않았다.

감정가액을 시가로 인정한 판례를 살펴보면 과세관청이 가격산정기준일을 평가기간 밖이 아니라 상속개시일로 하여 평가(가격변동의 특별한 사정이 없다)한 경우에 해당한다. 가격산정기준일과 상속개시일이 동일하여 평가기간(평가기준일 전후 6개월) 내에 해당하고 평가기준일과 가격산정기준일이 동일하여 그 기간 중 가격변동의 특별한 사정이 없다. 감정평가서 작성일이 평가기간 이후라도 법정 결정기한이 경과되기 이전의 것이고 평가심의위원회의 심의를 거쳤으므로 시가로 인정될 수 있다 하였다.

현재까지 판결만 종합해 보면 과세관청이 감정평가 가격산정기준일을 평가기준일(상속개시일, 증여일 등)로 소급한 경우에는 시가로 인정하고 평가기간(상속개시일 전후 6개월 등) 밖의 기간으로 소급하여 감정한 경우에는 시가로 인정하지 않았다.

소급감정이 가능하고 담세력에 따라 과세형평을 고려한 취지라는 것은 알겠으나 시가 인정 여부가 임의로 소급한 가격산정기준일에 따라 달라지는 것은 납세자의 법적 안정성과 예측 가능성을 위배할 소지가 있다.

대법원 판단을 기다려야 할 것 같다.

▸ 감정가액이 시가로 적법하지 않다는 판례

증여재산의 평가방법과 관련하여 증여 당시의 '시가'라 함은 원칙적으로 정상적인 거래에 의하여 형성된 객관적인 교환가격을 의미하는데, 이와 관련하여 판례는 매매 등의 거래가격을 시가로 인정함에 있어 거래일과 시가산정일 사이에 가격변동이 없어야 한다. '가격변동의 특별한 사정'을 좁게 인정하면 매매 등 거래가격의 시가 인정 기간을 원칙적으로 평가기준일 전후 6개월로 제한하여 규정하는 법을 몰각시키게 되는 점, 상증세법 시행령 단서 규정 자체에서 '시간의 경과'를 '가격변동의 특별한 사정'의 고려요소 중 하나로 정하고 있으므로 그 문언 자체에서 보더라도 시간 경과에 따른 가격변동을 포함하여 일반적인 가격변동이 없을 것을 이미 적용요건으로 예정하고 있는 것으로 보이는 점 등을 종합하면 일반적인 가격변동 역시 '가격변동의 특별한 사정'에 해당하는 것으로 해석함이 타당해 보인다. 따라서 상증세법 시행령 제49조 제1항 단서에서 말하는 '가격변동의 특별한 사정'은 증여일부터 가격산정기준일까지의 기간 중에 객관적인 교환가격의 변동이 있다고 인정될 수 있는 모든 사정을 의미하는 것으로 이해된다.

앞서 본 바와 같은 이 사건 증여일인 2019.7.26.과 이 사건 감정가액의 가격산정기준일인 2019.10.27. 사이의 기간 중에 발생한 상당한 정도의 가격변동을 모두 반영하였다고 보기 어려우므로, 위 사실조회 회신에서 밝힌 감정가액의 평균액을 이 사건 부동산의 2019. 7. 26. 당시의 시가라고 보기도 어렵다.(서울고법2023누41903 2023.12.15.)

▶ **감정가액이 시가로 적법하다는 판례**

쟁점감정가액은 가격산정기준일(2023.08.02.) 및 평가서작성일(2024.04.01. 및 2024.04.03.)이 모두 증여세 법정결정기한(2024.05.31.) 이내이고, 조사청의 신청에 따라 평가심의위원회가 평가기준일 이후부터 가격산정기준일 등까지의 기간 중에 가격변동의 특별한 사정이 없다고 보아 시가로 인정한 것으로 확인되므로, 상증세법 시행령 제49조 제1항 단서에 따라 상속개시일 현재 상증세법에 따른 시가로 볼 수 있으며, 여기에 법령상 위법이 있다고 보기 어려운 점, 상증세법 시행령 제49조 제1항은 증여재산을 시가 기준으로 평가해야 함에도 비주거용 부동산의 경우 보충적 평가방법에 따라 신고함으로써 시가와 큰 차이가 발생하게 되는 문제점을 고려하여 입법적 판단에 따라 합리적 차등을 둔 것이어서 여기에 조세평등주의에 위배되는 잘못이 있다고 보기 어려운 점 등에 비추어 청구주장은 받아들이기 어렵다고 판단된다.(조심2024중4473 2024.12.02.)

▶ **비상장주식평가 방법**

1. 일반적인 경우

   (1주당 순손익가치 × 3 + 1주당 순자산가치 × 2) / 5로 평가

2. 부동산과다보유 법인

   (1주당 순손익가치 × 2 + 1주당 순자산가치 × 3) / 5로 평가

3. 사업 개시 후 3년 미만 법인, 부동산이나 주식보유비율이 80% 이상 법인

   1주당 가액=1주당 순자산가치로 평가

▶ **순자산가치 계산 시 재무상태표상 금액에서 조정해야 하는 항목**

자산에 가산하는 항목	자산에서 제외하는 항목
1. 상증세법상 평가액과의 평가차액 2. 법인세법상 유보금액 3. 유상증자 4. 기타 자산 항목	1. 선급비용 2. 증자일 전 잉여금 유보잔액

부채에 가산하는 항목	부채에서 제외하는 항목
1. 법인세, 농어촌특별세, 지방소득세 2. 배당금, 상여금 3. 퇴직급여 추계액 4. 기타 부채 항목	1. 제준비금 2. 제충당금 3. 기타 부채 항목

▸ **순손익 계산 시 각 사업연도 소득금액에 가감하는 항목**

가산하는 항목	차감하는 항목
1. 국세, 지방세에 대한 환급금이자 2. 수입배당금 익금불산입액 3. 이월된 기부금 손금산입액 4. 이월된 업무용 승용차 관련 손금산입액 5. 외화환산이익 (법인세 계산 시 해당 이익을 반영하지 않은 경우) 6. 그 밖의 기획재정부령으로 정하는 금액	1. 당해 사업연도 법인세 2. 법인세액의 감면액에 부과되는 농어촌특별세 3. 과세표준에 부과되는 지방소득세액 4. 벌금, 과료, 과태료, 가산금 및 체납처분비 손금불산입액 5. 법령에 따라 의무적으로 납부하는 것이 아닌 공과금 손금불산입액 6. 징벌적 목적의 손해배상금 등에 대한 손금불산입액 7. 각 세법에서 규정하는 징수불이행으로 인해 납부하였거나 납부할 세액 8. 과다경비 등에 대한 손금불산입액 9. 기부금, 접대비, 업무와 관련 없는 비용 손금불산입액 10. 업무용승용차 관련 비용의 손금불산입액 11. 지급이자 손금불산입액 12. 감가상각비 상각부인액 중 손금으로 추인되지 않은 금액 13. 외화환산 손실

▸ **비상장주식평가 유의점**

1. 부동산 소유

부동산은 기준시가나 감정평가액을 고려하되, 이 중에서 높은 금액을 책정한다. 따라서, 부동산 보유 시 순자산가치가 높아질 수 있다.

부동산 가액이 자산가액의 50% 이상을 차지하는 경우 순자산가치에 가중평균을 적용하고, 80% 이상을 차지하는 경우 순자산가치로만 평가하기 때문에 주의를 요한다.

2. 퇴직급여추계액

퇴직급여추계액은 부채에 가산하는 금액으로, 반영이 안 된다면 주식가액이 높게 책정될 수 있다. 다만, 확정기여형 퇴직연금(DC형)의 경우 회사에 부담할 책임이 없기에 퇴직금추계액을 반영하지 않는다.

3. 미처분이익잉여금

미처분이익잉여금이 쌓이면 자본총계가 늘어나고 주식가치가 높아지게 된다.

영업권 계산 방법
(3년간 순손익액의 가중평균액 × 50% - 평가기준일 현재 자기자본액의 10%) × 3.79079*
*3.79079는 5년 동안 매년 말일 1원이 발생할 경우 해당 금액의 현재가치를 나타내는 계수이다.(이자율 10%)

CHAPTER 4.

성숙기&안정기 절세 전략

열심히 기업을 성장시킨 결과 매출이 성장하여 이익잉여금이 많이 쌓여 미환류 자금이 많은 상태이다. 사전에 준비했던 이익잉여금 출구 전략을 적극적으로 활용해 자금이 순환할 수 있도록 해야 한다. 시장에서 보다 안정적인 위치를 확보하고 새로운 성장 동력을 개발하여야 한다. 법인의 이익잉여금과 정책자금 시설자금을 결합해 임직원이 사옥에서 일하며 업무에 더욱 집중할 수 있는 환경을 마련해 준다.

1

이익잉여금 활용 및 출구 전략

– 사내근로복지기금을 활용한 증여 후 이익소각

사내근로복지기금법인의 설립 목표는 근로자의 생활안정 및 복지증진을 위하여 복지사업을 시행하는 걸 최우선으로 해야 한다. 다만 그 과정에서 회사의 상황에 맞는 절세 기능이 작동한다면 부수적 효과를 보면 된다.

CHAPTER 3에서 이익잉여금 출구 전략 중 배우자 증여 후 이익소각을 설명하였다.

간단하게 단계를 다시 설명하면 배우자 6억 증여 후 법인에 시가로 양도 후 이익소각이다. 위 단계에서 법인에 양도 시 법인의 자기주식 취득 목적이 사내근로복지기금에 출연하기 위함이면 각 단계별 거래는 아래와 같다.

배우자 6억 증여(편의상 6억이다, 변동 가능하다) → 법인에 시가 양도(양도 차익만큼 배당과세) → 사내근로복지기금 출연(이 시점에 법인은 주식을 출연하고 비용 처리된다[26]) → 사내근로복지기금 법인에 이익소각 목적으로 시가 양도(보유하면서 배당을 받아도 되며 양도 차익과 배당은 사내근로복지

26 법인이 자기주식을 취득하여 사내근로복지기금에 출연하는 경우
→ 자기주식의 가액은 법인령§19(22)에 따라 손금에 해당하는 것임.

기금 법인세로 과세된다) → 법인 이익잉여금 이익 소각

혜택이 너무 많다. 정부가 사내근로복지기금을 장려하기 위하여 많은 혜택을 주는 것 같다. 복지를 장려하고 복지를 적극적으로 실천한 법인에게 세제 혜택을 많이 주는 것 같아 세무회계의 틀로 이해하지 않겠다.

– 신이익소각 개념과 활용

신이익소각은 상환우선주를 발행하여 주식을 상환하는 시점에 액면가액과 같은 금액을 이익소각하는 것을 말한다. 상환우선주는 이익으로 소각할 수 있는 권리가 있는 우선주이다. 발행할 때는 주식발행초과금이 증가하고 상환할 때는 이익잉여금이 감소한다. 상환우선주는 이익잉여금이 있어야 소각이 가능하다.

액면 유상감자와 비교하면 유상감자는 자본 항목 중 자본금이 소각되기 때문에 주식 수 × 액면가 = 자본금이고 신이익소각은 이익잉여금이 소각되기 때문에 주식 수 × 액면가 ≠ 자본금이 아니다. 취득가액(액면가액)과 양도가액(소각하는 금액)이 같기 때문에 양도차익이 없으므로 두 경우 모두 균등하게 소각하게 되면 과세문제는 일어나지 않는다.

감자/소각 전 회사 현황이 주식 수 1만 주, 액면가액 10,000원, 자본금 1억, 이익잉여금 1억이라고 가정하면,

5,000주 유상감자 후 회사 현황은 주식 수 5천 주, 자본금 5천, 이익잉여금 1억

5,000주 이익소각 후 회사 현황은 주식 수 5천 주, 자본금 1억, 이익잉여금 5천

자본 금액은 똑같고 자본계정의 구성 항목(자본금, 이익잉여금) 금액만 다르다.

결국 해산 시 유상감자는 잔여재산 1.5억 - 5천만 원(남은 주식 취득가액) = 1억이 증여의제로 과세되고 신이익소각도 잔여재산 1.5억 - 5천(남은 주식 취득가액) = 1억으로 똑같은 금액이 과세된다.

신이익소각은 자본금 한도 규정이 있는 업종(건설업, 의료도매업 등)을 영위하는 경우 자본금이 변동되지 않으므로 효과적이고 유상감자는 자본금 한도 규정이 없고 현물출자 등 자본금이 큰 업종에서 간편하게 소각을 진행할 수 있어 유리하다. 세무 리스크 측면에서는 이익잉여금이 감소하는 신이익소각보다는 자본금을 줄이는 게 더 안전하다. 자본금을 회수해 가는 것은 투자 원금을 가져가는 것이기 때문이다. 단점은 두 방식 모두 자본금 한도 내에서만 가능하다.

- 감액배당의 효과와 주의점

감액배당의 재원은 크게 자본잉여금과 자본준비금이다. 자본잉여금은 회사가 업력이 쌓이다 보면 투자를 받기도 하고 증자를 하기도 한다. 회사가 성장하여 이익잉여금이 많은 상태에서 증자를 하게 되면 회사 가치가 커져 주식의 시가가 액면가액을 초과하게 된다. 이 경우 주식의 액면가액을 초과하는 부분을 주식발행초과금이라 한다. 증자는 균등증자를 할 수도 있고 불균등증자를 할 수도 있다. 자본준비금은 현금 배당을 하는 경우 현금 배당의 10%가 자본준비금으로 쌓인다. 회사는 주식발행초과금과 자본준비금을 합해서 자본금의 1.5배가 초과되는 경우 초과된 금액은 배당을 할 수 있다. 불균등증자 시

증자에 참여하지 않은 주주도 배당이 가능하다. 주식발행초과금과 자본준비금이 자본금의 1.5배를 초과한 법인은 감액배당 실시를 고려해 볼 수 있다.

2023년 세법 개정으로 위에서 설명한 상환우선주 발행으로 발생한 주식발행초과금은 감액배당의 재원으로 사용할 수 없다. 상환우선주는 발행 시에는 주식발행초과금이 생기지만 상환하는 경우에는 이익잉여금이 감소하기 때문이다.

– 초과배당의 절세 효과

특수 관계가 있는 개인에게 초과배당(본인 지분율을 초과해서 받는 배당)을 하는 경우 우선 총배당액이 배당으로 과세되고 총배당액에서 배당소득세를 뺀 금액에 대해서는 증여세가 과세[27]된다. 결국 개인주주에게 초과배당하는 경우 절세되는 금액은 없게 된다.

법인이 초과배당을 받는 경우 전체 배당액은 법인세가 과세되지만 수입배

---

27 과세금액: 초과배당금액 – 초과배당 금액에 대한 소득세액

* 초과배당금액: {최대주주 등의 특수관계인이 배당받은 금액 – 본인의 지분비율에 비례한 배당 금액} × $\frac{\text{최대주주 등의 과소배당금액}}{\text{과소배당금액의 합계액}}$

과세금액: 초과배당금액 – 초과배당 금액에 대한 소득세액

초과배당금액:

{최대주주 등의 특수관계인이 배당받은 금액 – 본인의 지분비율에 비례한 배당 금액}

× $\frac{\text{최대주주 등의 과소배당금액}}{\text{과소배당금액의 합계액}}$

당금 익금불산입규정에 의해 일부 또는 전부 과세되진 않는다. 이 경우 자본거래가 아니므로 간접증여세가 부과되지만 주주 등이 증여받은 것으로 보는 금액(이하 '증여의제이익이라 한다')이 1억 원 이상인 경우로 한정한다. 즉, 주주 1인당 지분별로 1억 원 이상인 경우에만 과세되므로 1억 원이 넘지 않으면 과세되지 않는다.

배당뿐만 아니라 간접증여세로 법인의 주주가 과세되기 위해서는 증여의제금액이 1억 원 이상이어야 한다.

법인의 주주 구성원이 가족으로 구성되어 있는 경우(30% 이상)를 특정법인이라 하며 통상 가족법인이라 한다. 가족법인 파트에서 후술하겠다.

2

사전 가업승계 절세 전략

– 가족법인을 통한 승계 준비 및 절세 효과 극대화

가족법인은 최근 5년 내 절세 컨설팅 시장에서 가장 뜨거운 Key Word이다. 세법상 용어는 아니고 세법상 특정법인(이하 '가족법인'이라 한다)이라 한다. 조금 더 구체적으로 말하면 본인, 배우자, 자녀(지배주주)와 친족(이하 '지배주주 등'이라 한다)이 직접 또는 간접으로 보유하는 주식보유비율이 30% 이상인 법인을 말한다. 가족법인과 지배주주 등(조문에는 '지배주주'로 한정되어 있어 친족이 제외되어 있지만 취지상 친족이 포함되어 있다고 해석하겠다)이 특수관계인[28]과 시가의 30% 또는 3억 원 이상의 차이가 나는 비정상적인 거래(이하 설명에서는 편의를 위해 예시를 드는 경우 비정상적인 거래를 하는 경우로 가정하겠다)를 하는 경우 가족법인의 지배주주 등이 증여받은 것으로 본다. 비정상적인 거래는 자본거래 중 현물출자[29]와 자산거래로 한정한다. 즉, 감자와 증자 같은 자본거래는 과세대상 거래가 아니다.

---

28 본인과 친족관계, 경제적 연관관계 또는 경영지배관계 등 대통령령으로 정하는 관계에 있는 자를 말한다. 4촌 이내의 혈족, 임원과 사용인, 본인의 금전으로 생계를 유지하는 경우 등이 이에 해당한다.

29 회사 설립, 주식 발행 시 금전을 납입하는 대신 토지, 건물과 같은 부동산이나 유가증권 및 채권 등을 출자하는 것을 말한다. 즉, 금전 이외의 재산을 출자하는 것을 현물출자라고 하는 것이다.

이해를 위해 간단하게 예를 들어 보면 아버지가 아들이 100% 지분을 보유한 법인에 아버지 소유의 시가 100억 상당의 부동산을 현금 1억에 양도한다면 법인 주주인 아들에게 96억에 상당하는 금액을 증여받은 것으로 보아 증여세를 과세(이하 '간접증여세'라 하겠다)하겠다는 것이다.

Q. 법인(가족법인)이 이익을 본 것에 대해 법인세가 과세되지 않고 가족법인의 주주에게만 증여세가 과세되는 건가요?

법인(가족법인)이 이익을 본 것에 대해서는 법인세가 과세된다. 다만, 배당을 받은 경우에는 수입배당금 익금불산입[30]제도가 있어 지분율에 따라 법인세가 일부 또는 전부 과세되지 않는다. 과세되더라도 이익 규모에 따라 법인세율과 증여세율을 비교하면 차이가 발생하여 절세 기능이 작동된다.

Q. 가족법인이 이익을 보면 법인세가 과세되고 가족법인의 주주에게도 증여세가 과세되면 개인에게 증여한 것보다 세금이 더 많은 거 아닌가요?

가족법인의 주주가 과세되는 거래는 자본거래 중 현물출자와 자산거래이다. 가족법인을 통해 자본거래(증자, 감자 등)를 하는 경우 법인세만 과세되고 가족법인의 주주에게는 과세되지 않는다. 증여금액이 크게 되면 세금 차이는 매우 크다. 예를 들어(단지 이해를 돕기 위한 예시일 뿐이므로 따라 하면 안 된다) 아버지가 90%, 가족법인이 10% 지분으로 구성되어 있는 시가 100억의 부동산

---

30 배당금 수익 중 일부를 이익으로 계산하지 않는 것이다. 내국법인이 출자한 다른 내국법인으로부터 받은 배당금(의제배당 등 포함)의 금액에서 일부를 익금에 산입하지 않는 것이다.

임대법인이 있다고 가정해 보면 아버지만 무상감자[31] 를 실시하게 되면 가족법인은 지분을 유지하고 있으므로 감자 후 아버지의 지분은 0%, 가족법인의 지분은 100%가 된다. 결과적으로 시가 100억 원의 회사가 모두 가족법인 소유가 되었다. 이때 부담하는 법인세는 16.9억이다. 만약 위와 같은 거래를 개인과 개인이 했다면 이때 부담하는 증여세는 40.4억이다. 법인세와 증여세의 차이가 23.5억(표 1)이다.

Q. 위의 사례에서 가족법인의 지분이 10%에서 90%가 되면 과점주주 간주취득세[32]를 부과하나요?

과점주주 간주취득세는 특수관계자의 지분 내에서 변동되는 경우 적용하지 않는다. 즉, 아버지와 가족법인의 합계 지분이 변동하지 않으면 과점주주 간주취득세는 적용하지 않는다. 참고로 설립 시 과점주주면 간주취득세는 없다 설립 시가 아닌 경우 최초 과점주주가 되면 과점주주가 되는 시점에 법인이 소유한 부동산 가액기준으로 취득세를 낸다. 이후 취득하는 부동산은 과점주주 취득세는 없다.

---

31 무상으로 자본금을 줄이는 것이다. 주주에게 어떠한 보상을 주지 않고 주식 수를 줄이는 것을 의미하며 형식적 감자라고도 한다. 주로 자본잠식 등 위험을 해소하여 재무구조 개선을 목표로 실행한다.

32 법인의 주식이나 지분을 취득함으로써 과점주주가 되었을 경우, 그 과점주주는 해당 법인의 과세 대상 자산을 취득한 것으로 보아 취득세를 부과한다. 이는 과점주주가 되면 해당 법인의 재산을 관리, 처분 등의 행위를 할 수 있어 사실상 소유한다고 보아 담세력을 인정하는 것이다.

Q. 가족법인에게 초과배당을 하는 경우 유리하다고 하던데 맞나요?

앞에서 설명한 배당 부분 '초과배당에 대한 법인의 과세 문제'는 가족법인에 그대로 적용된다. 추가로 부동산(재산)을 무상으로 가족법인이 사용하게 되면 5년간 합산한 증여의제이익이 1억 원 이상이어야 하므로 대략 13억 이하 부동산까지는 무상으로 사용 가능하다. 만약 현금을 이자 없이 무상으로 가족법인에 대여한다면 1년간 1억 이상이어야 과세되므로 약 21억까지는 무상으로 대여해도 과세 문제가 없다.

가족법인이 초과배당을 받는 경우 전체 배당액은 법인세가 과세되지만 수입배당금 익금불산입 규정에 의해 일부 또는 전부 과세되진 않는다. 이 경우 자본거래가 아니므로 간접증여세가 부과되지만 주주 등이 증여받은 것으로 보는 금액(이하 '증여의제이익'이라 한다)이 1억 원 이상인 경우로 한정한다. 즉, 주주 1인당 지분별로 1억 원 이상인 경우에만 과세되므로 1억 원이 넘지 않으면 과세되지 않는다.

배당뿐만 아니라 간접증여세로 가족법인의 주주가 과세되기 위해서는 증여의제금액이 1억 원 이상이어야 한다.

예를 들면 부동산(재산)을 무상으로 가족법인이 사용하게 되면 5년간 합산한 증여의제이익이 1억 원 이상이어야 하므로 10억 원 이하 부동산까지는 무상으로 사용 가능하다. 만약 현금을 이자 없이 무상으로 가족법인에 대여한다면 1년간 1억 이상이어야 과세되므로 약 21억까지는 무상으로 대여해도 과세 문제가 없다.

→ 개인일 경우 1,318,987,403 이하, 즉 13억 이하 부동산은 무상으로 사용해도 그 증여이익이 1억 원 미만이므로 과제 문제가 없다.

→ 부동산을 가족법인이 무상으로 사용하게 될 경우 5년간 합산한 증여의제이익은 시가와 대가의 차이에 해당한다.

▸ 특정법인 증여의제가액

$$\left[\text{시가와 대가의 차액} - (\text{특정법인의 산출세액} - \text{공제감면액}) \times \frac{\text{시가와 대가의 차액}}{\text{특정법인의 각사업연도소득금액}}\right] \times \text{특정법인의 지배주주 등의 주식보유비율}$$

가정 주식보유비율 100%, 각 사업연도 소득금액 100억 원(과세표준 금액),
공제감면액 없음,
16억 부동산을 가족법인이 무상으로 사용하게 한 경우

부동산 무상사용 이익	$\sum_{n=1}^{5} \frac{16\text{억} \times 2\%}{1.1^n} = 121,305,176$
특정법인 산출세액	100억 × 19% - 0.2억 = 18.8억
증여의제가액	1.2억 - 18.8억 × 0.012 = 0.9744억

→ 16억 이하의 부동산을 특정법인에게 무상으로 사용하게 할 경우 증여의제이익이 1억 원 미만으로 과세 문제가 발생하지 않는다.

Q. 증여의제금액 1억을 계산할 때 가족법인의 주주가 여러 명이면 합산해서 계산하는 건가요?

증여의제금액 1억은 주주별로 계산한다. 주주가 소유하고 있는 지분에 따라 1억을 각각 주주별로 구분해서 따로 계산하도록 되어 있다.

Q. 사전증여재산이 10년간 합산되는 것처럼 증여의제금액도 10년간 누적해서 합산이 되나요?

부동산 무상사용은 5년간 누적 합산해서 1억을 판단하고 그 외 열거된 거래는 모두 1년을 기준으로 누적해서 판단한다. 증여의제금액에 해당하지 않으면 사전증여재산으로 합산도 되지 않는다.

Q. 가족법인이 Paper Company 일명 '도관 법인' 같은데 설립해도 위험이 없을까요?

가족법인을 단순히 세금 효과만 보고 설립하면 안 된다. 실제로 영업활동을 수행해야 한다. 세법상, 상법상 절차와 형식에 맞게 절세 기능이 효과적으로 작동되도록 외형을 갖추었다 해도 반드시 놓쳐서는 안 되는 것이 실질과세원칙에 위배되지 않는지를 검토하는 것이다. 따라서 1차적으로 법인을 실질적으로 경영해야 한다. 홀딩스 형태의 법인도 가능하지만 중소기업 가족법인은 일감몰아주기(아래 설명) 규정을 적용받지 않으므로 모법인으로부터 사업 기회를 제공받을 수 있으므로 이를 활용하여 사업을 할 수도 있고 부동산 관리법인의 형태로 부동산을 관리하는 업무를 할 수도 있다.

여러 명의 자녀나 손자녀가 부동산을 법인 형태가 아닌 부동산으로 지분을 소유하게 되면 의사결정 과정에서 상당한 지연이 발생할 수 있다. 또한 증여받은 자의 개인 신상의 변화로 의사결정 자체를 할 수 없는 상황이 발생할 수 있다. 심하게는 가족 간의 불화로 공유물 분할 청구 소송이 발생하면 부동산을 매각해야 하는 중대한 리스크가 발생할 수 있다. 이처럼 가족법인의 설립이 단순히 조세부담을 회피하기 위한 도관이 아니고 실제로 영업활동을 수행할 때 실질과세원칙에 따라 과세되는 위험에서 벗어날 수 있다.

가족법인이 중소기업(평균 매출액 400~1,500억 원 이하(업종별 상이) / 자산 5,000억 미만)이라면 일감몰아주기 제외 규정 등에 의해 실질 사업을 영위할 수 있고, 의사결정의 신속함과 부동산의 안정적인 운영을 근거로 설립하는 경우라면 실질과세원칙을 위배하지 않고 부수적인 절세 효과를 볼 수 있을 것이다.

가족법인뿐만 아니라 다른 절세 설계에서도 실질과세원칙은 중요하다. 단순히 조세부담을 회피하기 위해 여러 개의 행위나 계산이 이루어진 경우에 세법은 조세부담의 공평성을 위해 이를 하나의 행위로 보아 소득금액을 다시 계산할 수 있도록 규정하고 있다. 실질과세의 원칙을 위배하지 않기 위해서는 행위가 일어나는 기간이 상당하고 행위별 귀속자에게 실질이 귀속되어야 한다. 절세 설계를 사전에 준비하지 않고 급하게 실행하는 경우 실질과세원칙에 위배될 소지가 크다. 세법상, 상법상 절차와 행위가 같음에도 불구하고 과세사실이 다른 이유이며 최근에 가장 대표적인 이슈로는 배우자 증여를 활용한 이익소각이었다. 과세되는 대표적 사례로 배우자 증여 후 즉시 소각한 후 소각 자금이 증여받은 배우자가 아니라 증여한 배우자에게 귀속되는 경우 실질과세의 원칙에 위배되어 과세되었다.[33] 2024년 12월 세법개정안에 양도소득세 이월과세 적용대상 자산을 확대하여 증여를 통한 양도소득 세부담 회피 방지를 위해 이월과세 적용대상 자산에 양도일 전 1년 이내 증여받은 주식 등을 추가하였다.(소득세법97조의2)

가족법인은 2019년 이전까지는 결손금, 휴업법인만을 대상으로 과세되었지만 2019년 세법개정으로 모든 법인을 대상으로 확대하였고 지배주주 등의 주식 소유 비율도 50%에서 30%로 적용받는 법인을 확대하였다. 2024년 7월 25일 세법개정안으로 기존의 자산거래뿐만 아니라 자본거래(현재는 자본거래는 현물출자만 대상)를 추가하는 개정안이 나왔지만 국회 통과가 되지 않아 현행유지로 확정되었다. 2024년 7월 25일 발표된 세법개정안은 상속세 및 증여세법에 여러 가지 큰 변화를 예고하였다. 상증세법상 주요 개정안은 1999년 12월 28일 이후 변하지 않고 있는 상속세 세율인하, 인적공제금액 상향, 상속재산 증여특례 사후관리 완화, 창업자금 증여특례 요건 및 사후관리 완화 등이다. 하지만 개정안이 모두 국회를 통과하지 못했고 가족법인은 풍선효과를 보지 않았을까 하는 생각이 든다. 가족법인에 대한 세법개정은 결손법인 등에서 일반법인으로 지분율 50%에서 30%로 계속 개정되어 왔

---

33 쟁점법인의 대표이사는 청구인으로, 쟁점법인의 발행주식과 관련된 모든거래를 실질적으로 결정·통제할 수 있는 위치에 있었던 것으로 보이고, 쟁점거래는 주식 증여부터 자기주식 취득 및 소각까지 단기간에 이루어졌으며, 특히, 배우자는 이 건 거래를 통해 얻은 이익의 대부분을 쟁점법인에 대한 청구인의 가지급금 상환에 사용한 점, 청구인 및 배우자와 쟁점법인이 선택한 쟁점주식의 증여와 자기주식의 취득·소각이라는 일련의 절차와 관련하여, 달리 합리적인 이유는 보이는 않는 점 등에 비추어 이 건 처분은 달리 잘못이 없는 것으로 판단됨.
조심2024부1993(2024.04.30.)
→ 해당 판례에서 청구인은 증여자에 해당하며, 양도로 인한 이익이 증여받은 배우자가 아닌 증여자에게 귀속되었을 경우 과세하고 있다.

고 거래 대상도 자산거래로 한정하지 않고 자본거래로 확대될 가능성은 내재되어 있다. 하지만 일단 2025년은 자본거래는 과세되지 않으므로 본인이 소유하고 있는 부동산의 형태(개인, 법인)와 사용(외부임대, 자가사용)에 따라 후술하는 가업 상속공제에 포함되는 부동산인지, 상속재산 증여특례를 활용할 수 있는지, 현물출자 양도소득세 이월과세[34]가 적용되는지, 현물출자 법인 전환 시 양도소득세 이월과세[35]가 적용되는지를 점검해 보고 절세 기능이 작동 가능한지를 사전에 검토한다면 효과적인 절세 설계가 가능할 것이다.

지금까지 가족법인에 대해 긴 지면을 할애해 설명하였다. 어느 정도 세법 지식이 있지 않으면 한 번에 따라오기가 쉽지 않을 것이다. 하지만 절세 설계에 있어서 세무사와 납세자 모두에게 중요하고 놓쳐서는 안 되는 규정이므로 여러 번 반복해서 보는 것을 추천한다.

---

34 법인에 자산을 현물출자할 경우 양도차익에 대하여 과세를 이연해 주는 경우가 있는데, 이때에는 사업의 연속성을 갖추어야 하며 이러한 사업의 연속성이 단절될 경우 적용받을 수 없음을 주의해야 한다. 제조업에 쓰이던 자산을 부동산 임대법인에 현물출자하는 등의 경우를 사업의 연속성이 단절된 것으로 본다. 다만 이때 해당 자산은 양도소득세 이월과세가 적용되지 않더라도 가업상속공제 대상이 된다.

35 거주자가 현물출자 또는 사업양수도 방식에 따라 법인으로 전환하는 경우에는 해당 사업용 고정자산에 대해서는 양도소득세 이월과세를 적용한다. 즉, 양도하는 거주자에게는 양도소득세를 과세하지 않고 양수한 법인이 추후 사업용 고정자산을 양도할 때 양도소득산출세액 상당액을 법인세로 납부한다.

▸ **표 1**

무상감자 전 가족법인 지분 가치	무상감자 후 가족법인 지분 가치
100억 × 10% = 10억	100억 × 100% = 100억
이익을 얻은 금액 → 100억 - 10억 = 90억	
가족법인 무상감자 후 법인세	**개인인 경우 무상감자 후 증여세**
90억 × 19% - 0.2억 = 16.9억	90억 × 50% - 4.6억 = 40.4억

- 특수관계법인으로부터 제공받은 사업 기회로 발생한 이익의 증여 의제 (이하 '일감몰아주기'라 한다)

지배주주(이하 친족을 포함한다)와 특수(30% 이상 주식보유) 관계인 법인으로부터 사업 기회를 제공받은 경우에 그 제공받은 사업 기회로 수혜법인이 이익을 보는 경우 지배주주 등의 주식보유 비율을 고려하여 계산한 금액을 지배주가 증여받은 것으로 보아 증여세를 과세하는 제도이다. 전술했던 가족법인(수혜법인)과 모법인(특수관계법인)의 형태이다. 특수관계법인으로부터 수혜법인이 사업 기회를 제공받아 이익을 얻는 경우에는 지배주주가 이익을 본 것으로 보아 증여세를 과세(이하 '간접증여세'라 한다)하겠다는 취지이다.

사업 기회를 제공받는 경우란 특수관계법인의 매출 거래처를 수혜법인에게 제공하거나 매입처를 수혜법인으로 변경하는 경우를 말한다. 특수관계법인의 기존 매출 거래처를 제공하는 것은 일감몰아주기 규제 대상이지만 신규로 발생할 거래처를 제공하는 것은 해당하지 않는다.

일감몰아주기 규정은 중소기업은 제외한다. 병원경영지원법인(이하

'MSO법인'이라 한다)과 비영리법인은 중소기업이라 하더라도 의료법과 민법에 의하여 간접적으로 적용받는다. MSO법인은 일감몰아주기 규정을 포함하여 개괄적으로 하단에 설명하겠다.

비영리법인과 영리법인의 구분은 영리사업을 하는지 여부에 따라 구분하는 것이 아니다. 영리사업은 가능하지만 영리사업에서 발생한 수익을 구성원에게 분배하는지 여부에 따라 구분된다. 민법상 비영리법인에게 일감몰아주기를 적용하겠다는 규정은 없지만 일감몰아주기는 수혜법인에게 수익을 분배하는 행위와 같으므로 엄격히 제한된다.

- 가족법인과 MSO법인

MSO법인은 재무, 노무, 행정, 마케팅을 병원의 진료와 분리해 병원경영의 효율화를 위해 설립된 법인이다. 경영 효율화를 통해 환자의 의료서비스에 인적·물적자원을 집중함으로써 병원의 수익성을 재고하기 위한 법인이다. 국내에서는 인적, 물적 등의 자원의 한계로 가족법인의 형태의 소극적 형태로 운영된다. 다만, 설립 후 계속해서 가족법인의 형태로 머물게 되면 결국 의료법과 세법의 위험에 노출되는 리스크가 발생한다. 병원의 경영 효율화를 위한 법인으로 운영하기 위해 지속적으로 인적·물적자원을 투입하고 개선하여야 한다.

MSO법인은 진료 외 업무 외주화를 통한 경영 효율화를 지원하는 형태와 기타 부대사업 영위형(소극적 가족법인)으로 분류해 볼 수 있다. 경영 효율화는 인력관리, 진료비 청구, 구매/재고관리, 시설/장비관리, 전산시스템 운영, 마케팅-광고/홍보, 고객관리(CRM), 법률/회계, 경영전략 등 내용이 방대하므로 별도 책으로 다룰 예정이다. 본서에서는 일감몰아주기와 관련된 부대사업 영위형을 설명하도록 하겠다.

의료법은 의료인의 자격과 의료기관의 설립 및 운영 및 의료 서비스 제공 기준 등을 규정한 법률이다. 의료인은 의사, 한의사, 조산사, 간호사를 말하며 의료법에 따라 면허를 받아야 한다. 간호조무사는 면허 대상이 아니고 자격을 갖추면 된다. 의료인은 의료법에 따라 하나의 의료기관만을 개설할 수 있다. 의료법인은 법인의 해산 시 잔여재산의 처분에 관하여 국가의 허가를 받아야 하며 민법상의 재단법인에 관한 규정을 준용하므로 비영리법인의 형태로만 개설이 가능하다. 제주도는 제주특별법 307조 의료기관 개설 등에 관한 특례 규정에 따라 외국인에 한하여 의료법 제33조 2항에도 불구하고 영리의료법인 설립이 가능하다. 그 외 의료인이나 비영리법인 등이 아닌 자가 의료기관을 개설하는 경우 5년 이하의 징역이나 2,000만 원 이하의 벌금에 처하도록 규정하고 있다. 의료법인의 설립자는 의료인이 아니어도 된다. 다만 설립 시 출연한 재산을 이후 폐업하여도 개인재산으로 환수해 올 수는 없다.

의료법인 또는 의료기관과의 계약을 통해 과도한 수익을 가져가거나 불법적인 방식으로 수익을 배분하는 경우 의료법 위반이다. MSO법인이 실제로 경영을 지원했다 하더라도 과도한 수수료를 요구하거나 병원의 수익과 연동된 불법적인 방식으로 수익을 배분해서는 안 된다. 따라서 세법상 MSO법인이 중소기업에 해당하더라도 일감몰아주기를 해서는 안 된다.

MSO법인은 부대사업을 영업 목적으로 설립할 수 있는데 가족법인과 유사하다. 부대사업은 갤러리 운영, 의료장비 판매, 의료소모품 유통 등을 할 수 있다. 병원이 일감몰아주기를 하게 되면 의료법에서 금지된 방식으로 수익을 분배받는 경우에 해당하므로 병원 경영을 지원하는 형태의 MSO법인이 아니라면 부대사업만을 운영하는 것이 안전하다. 단 기존 병원이 수행하고 있는 부대사업을 인력만 재배치하는 형태로 운영하는 것도 일감몰아주기에 해당하므로 주의를 요한다.

– 상호출자제한규정

특수관계법인으로부터 제공받은 사업 기회로 발생한 이익의 증여의제(상증세법상 상속세및증여세법 이익의 증여의제 규정(이하 '일감 몰아주기'라 한다)은 특수관계법인(모법인)이 직접 수행하거나 다른 사업자가 수행하고 있던 사업 기회를 수혜법인(자회사)이 제공받는 경우를 말하며 중소기업은 적용되지 않는다. 하지만 상호출자제한규정은 일감몰아주기 규정과 달리 중소기업에도 적용이 된다. 상호출자제한규정과 구분되는 순환출자금지[36]는 공정거래법에서 규제하고 있다.

일감몰아주기와 순환출자금지규정으로 인해 중소기업은 상호출자제한이 없는 걸로 오인할 수 있지만 상법에서는 가공자본을 만드는 것을 방지하기 위해 자회사에 의한 모회사주식의 취득(이하 '상호출자제한'이라 한다)을 제한하고 있다.

예를 들어 A 회사가 B 회사의 주식을 50% 초과해서 소유(가족법인에서 많

---

36 순환출자금지는 공정거래법에서 자산 5조 원 이상의 상호출자제한기업집단에 속한 계열회사들 중 3개 이상의 계열회사가 한편으로는 다른 계열회사에 출자를 하는 계열출자회사 되고, 또 다른 한편으로는 다른 계열회사로부터 출자를 받는 계열출자대상회사가 되는 관계(이하 '순환출자관계'라 한다)를 형성하지 못하도록 하는 것이다.

이 보던 구조이다)하면 A 회사를 모회사, B 회사를 자회사라 한다. 상호출자 제한[37]은 말 그대로 자회사가 모회사 주식을 1주라도 취득해서는 안 된다는 규정이다.

위반 시에는 자회사가 취득한 주식은 무효가 되며 지급한 금액은 업무무관 가지급금에 해당한다. 추가로 2천만 원 이하의 벌금에 처한다. 가족법인 절세 설계를 진행하다 보면 자칫 실수할 수 있는 부분이므로 주의를 기울여야 할 것이다.

- 창업자금증여 특례 활용

18세 이상인 거주자가 제조업 등의 업종을 영위(부동산임대업, 도소매업 제외)하는 중소기업을 창업할 목적으로 60세 이상의 부모(증여 당시 아버지나 어머니가 사망한 경우에는 조부모와 외조부모를 포함한다)로부터 토지·건물, 주식 등을 제외한 현금 등을 증여받은 경우에 증여세 과세가액 50억 원(창업을 통하여 10명 이상을 신규 고용한 경우에는 100억 원)까지 5억 원을 공제하고 세율을 100분의 10으로 하여 증여세를 부과한다. 이 경우 창업자

---

37 제342조의2(자회사에 의한 모회사주식의 취득)

① 다른 회사의 발행주식의 총수의 100분의 50을 초과하는 주식을 가진 회사(이하 "母會社"라 한다)의 주식은 다음의 경우를 제외하고는 그 다른 회사(이하 "子會社"라 한다)가 이를 취득할 수 없다.

1. 주식의 포괄적 교환, 주식의 포괄적 이전, 회사의 합병 또는 다른 회사의 영업전부의 양수로 인한 때
2. 회사의 권리를 실행함에 있어 그 목적을 달성하기 위하여 필요한 때

② 제1항 각호의 경우 자회사는 그 주식을 취득한 날로부터 6월 이내에 모회사의 주식을 처분하여야 한다.

③ 다른 회사의 발행주식의 총수의 100분의 50을 초과하는 주식을 모회사 및 자회사 또는 자회사가 가지고 있는 경우 그 다른 회사는 이 법의 적용에 있어 그 모회사의 자회사로 본다.

금을 2회 이상 증여받거나 부모로부터 각각 증여받는 경우에는 각각의 증여세 과세가액을 합산하여 적용한다.

창업자금을 증여받은 자는 증여받은 날부터 2년 이내에 창업을 하여야 한다.

창업자금을 증여받은 자는 증여받은 날부터 4년이 되는 날까지 창업자금을 모두 해당 목적에 사용하여야 한다.

창업자금을 증여받은 자가 창업하는 경우에는 대통령령으로 정하는 날에 창업자금 사용명세(증여받은 창업자금이 50억 원을 초과하는 경우에는 고용명세를 포함한다)를 증여세 납세지 관할 세무서장에게 제출하여야 한다. 이 경우 창업자금 사용명세를 제출하지 아니하거나 제출된 창업자금 사용명세가 분명하지 아니한 경우에는 그 미제출분 또는 불분명한 부분의 금액에 0.3%를 곱하여 산출한 금액을 창업자금 사용명세서 미제출 가산세로 부과한다.

- 가업의 승계에 대한 증여세 과세특례

가업의 승계에 대한 증여세 과세특례(이하 '가업승계 증여특례'라 한다)는 2024년 7월 개정안에서 기업승계를 지원하기 위해서 사업무관 자산의 범위를 조정하려 하였으나 현행대로 유지하는 것으로 결정됐다. 중소기업 경영자의 고령화에 따라 생전 기업승계를 지원하여 경제 활성화에 기여하기 위한 제도이므로 추후 개정을 기대해 본다.

가업승계 증여특례는 18세 이상의 자녀에게 60세 이상의 부모가 계속하여 10년 이상 운영한 중소기업 등(부동산임대업 제외)의 주식 등(개인사업자는 적용되지 않는다)을 증여받은 자 또는 그 배우자가 증여세 신고일까지(증여일이 속하는 달의 다음 달 3개월) 가업에 종사하고 증여일부터 3년 이내에 대표이사로 취임하는 경우에 적용한다.

특례가 적용되는 금액은 부모의 경영 기간에 따라 300억부터 600억까지 하며 증여세 과세가액에서 10억 원을 공제하고 세율 10%(120억 원 초과는 20%)를 적용한다.

사업무관자산은 가업의 직접적인 경영·영업활동과 관련이 없어 가업 상속·승계 재산에서 제외한다. 비사업용 토지, 타인에게 임대하고 있는 부동산 등, 대여금, 과다보유 현금(직전 5년 평균의 150% 초과분), 법인의 영업 활동과 직접 관련이 없이 보유하고 있는 주식, 채권 등을 포함한다.

Q. 부모님이 소유한 부동산은 사업용 자산이 아닌가요?

법인이 소유하든, 부모님이 소유하든 부동산의 사용이 중요하다. 부모님 개인 부동산을 법인이 임대해서 쓰더라도 사업용(사무실 등)으로 사용하거나 법인이 소유한 부동산을 사옥으로 쓰는 경우에는 사업무관자산이 아니다.

Q. 가업승계 증여특례를 적용받은 주식 등은 상속자산에는 포함되지 않나요?

상속재산에 포함되며 특례적용 시 납부했던 증여세를 차감하여 상속세를 계산한다. 다만, 가업승계 증여특례 시 주가로 상속재산에 포함된다.

가업승계 증여특례를 적용받으려면 증여세 과세표준 신고 기한까지 증여세 신고와 함께 가업승계 주식 등 증여세과세특례 적용신청서를 납세지 관할 세무서장에게 제출하여 특례신청을 하여야 한다. 만약 신고 기한까지 특례 신청을 하지 아니한 경우에는 특례규정을 적용하지 않는다.

가업승계 증여특례에 대한 사후관리는 매우 엄격하다. 주식 등을 증여받은 자가 가업을 승계하지 아니하거나 가업을 승계한 후 주식 등을 증여받은 날부터 5년 이내에 정당한 사유 없이 가업에 종사하지 아니하거나 가업을 휴업·폐업하는 경우 또는 증여받은 주식 등의 지분이 1주라도 줄어드는 경우(현물출자 법인전환은 49%까지 가능)에는 해당되는 주식 등의 가액에 대하여 증여세를 추징한다.

Q. 업종 변경도 가업에 종사하지 않는 건가요?

업종 변경은 2023년 세법 개정으로 2024년 2월 29일부터 중분류 내에서 대분류 내로 주 업종의 변경이 가능해졌으며 사후관리 기간도 7년에서 5년으로 단축되었다.

가업승계 증여특례를 적용받는 경우 후술하는 창업자금 증여특례를 적용하지 아니한다.

▸ 가업승계에 대한 증여세 과세특례

증여세액 = [증여세 과세가액(한도)-10억 원] × 10% (20%)	
부모가 10년 이상 계속 경영한 경우	300억 원
부모가 20년 이상 계속 경영한 경우	400억 원
부모가 30년 이상 계속 경영한 경우	600억 원

3

상속 시 가업승계 절세 전략

– 가업상속재산 공제 요건 및 활용 방법

가업상속재산 공제제도는 상속인이 과도한 상속세 부담으로 인하여 피상속인이 생전에 영위하던 가업의 상속을 포기하는 것을 방지함으로써 경제의 근간이 되는 중소기업 등 기업의 경영 및 기술 노하우가 원활히 승계되도록 하고 기술력 있는 중소기업의 승계와 계속적인 발전을 지원함으로써 경제발전과 고용유지의 효과를 도모하기 위하여 도입된 제도이다. 부동산임대업은 가업상속공제 업종에 해당하지 않으나 피상속인이 법인에 임대한 부동산이 법인 업무(사옥 등)에 이용되고 있는 경우 업무 관련 자산으로 상속공제 대상 자산에 포함된다.

가업상속공제는 거주자의 사망으로 상속이 개시되는 경우로서 18세 이상의 자녀에게 부모가 계속하여 10년 이상 운영한 중소기업 등(부동산임대업 제외)이 가업의 상속에 해당하는 경우에는 가업상속 재산가액에 상당하는 금액을 상속세 과세가액에서 공제한다. 이 경우 공제하는 금액은 부모(피상속인)의 경영 기간에 따라 300억부터 600억까지이다.

피상속인 요건을 살펴보면 거주자인 피상속인이 10년 이상 계속하여 경영을 하고 피상속인이 가업의 영위기간(동일한 대분류 내의 다른 업종으로 주된 사업을 변경하여 영위하는 기간은 합산) 중 100분의 50 이상의 기간 또는 10년 이상의 기간 또는 상속 개시일부터 소급하여 10년 중 5년 이상의 기간을 대표이사(개인사업자인 경우 대표자)로 재직해야 한다.

상속인 요건을 살펴보면 상속 개시일 현재 18세 이상(배우자 포함)이고 피상속인의 가업 영위 기간 중 2년 이상 직접 가업에 종사하였어야 한다. 다만, 피상속인이 65세 이전에 사망하거나 천재지변 및 인재 등 부득이한 사유로 사망한 경우에는 적용하지 않는다. 상속세 과세표준 신고 기한까지 임원으로 취임하고 상속세 과세표준 신고 기한부터 2년 이내에 대표이사(개인사업자인 경우 대표자)로 취임해야 한다.

가업상속재산의 범위는 개인기업의 경우 가업에 직접 사용되는 토지, 건축물, 기계장치 등 사업용 자산의 가액에서 해당 자산에 담보된 채무액을 뺀 가액을 말하며 법인의 경우에는 상속재산 중 가업에 해당하는 법인의 주식가액 × 총자산가액에서 사업무관자산/총자산가액 비율을 뺀 가액을 말한다.

사업무관자산이란 주택, 비사업용 토지, 타인에게 임대하고 있는 부동산(본인 사업에 임대하고 법인 업무에 사용하는 경우 제외), 대여금, 과다보유 현금, 영업활동과 직접 관련이 없이 보유하고 있는 주식 및 채권을 말한다.

가업상속공제를 받으려는 자는 상속세 과세표준 신고와 함께 가업상속을 증명하기 위한 서류를 납세지 관할 세무서장에게 제출하여야 한다. 가업상속재산명세서 및 가업상속 사실을 입증할 수 있는 서류를 상속세 과세표준 신고 기한까지 제출하지 않으면 가업상속공제를 적용받을 수 없다.

가업상속공제를 받은 상속인이 상속 개시일로부터 5년 이내에 정당한 사유 없이 해당 가업용 자산의 40% 이상을 처분하거나 주식 등의 지분이 감소하는 경우, 상속인이 가업에 종사하지 아니하게 되는 경우, 고용유지 요건 및 총급여 유지 요건에 미달하는 경우 상속세를 추징하게 된다.

– 가업상속재산 공제의 한계 및 보완

Q. 사후 관리 5년이 지나고 나면 정당한 사유 없이 해당 가업용 자산의 40% 이상을 처분하거나 주식 등의 지분이 감소하는 경우 과세 문제가 없나요?

사후 관리 5년이 지나고 나면 자산을 처분하거나 지분이 감소하더라도 상속세를 추징하지는 않는다. 하지만 양도세를 계산할 때 소득세법상 양도소득의 필요경비 계산 특례 규정(CHAPTER 2. 배우자 증여 후 이익소각에서 설명)에 의하여 취득가액을 피상속인이 취득한 가액으로 한다. 예를 들어 피상속인 취득가액 10억, 가업상속공제 당시 100억인 자산이 가업상속공제 적용 비율이 90%라고 가정하면 취득가액은 100억이 아니라 19억(10억의 90% + 100억의 10% = 19억)이 된다. 법인이 청산을 하게 되면 법인의 잔여재산가액에서 주식의 취득가액을 차감한 금액을 의제배당으로 과세하는데 이때 주식의 취득가액도 피상속인의 취득가액이다. 다음 세대로 상속하는 경우가 아니면 양도는 자유로우나 취득가액은 피상속인이 취득 당시 취득가액을 적용하여 양도차액을 계산하여야 한다. 참고로 양도소득 필요경비 계산 특례 규정에 해당하는 부동산 등은 증여 후 10년, 주식의 경우에는 증여 후 1년이 지나면 양도소득 필요경비 특례 규정은 더 이상 적용하지 않는다.

기업상속재산 공제를 보완하기 위해서는 상속 개시 전에 사업무관자산의 정리와 주식 가치를 낮추는 절세 설계를 통해 지분 구조의 변화가 선행되어야 한다.

▶ 가업상속공제 금액

가업상속공제 = Min[①, ②]	
① 가업상속 재산가액	
② 한도액	
㉠ 피상속인이 10년 이상 20년 미만 계속하여 경영	300억 원
㉡ 피상속인이 20년 이상 30년 미만 계속하여 경영	400억 원
㉢ 피상속인이 30년 이상 계속하여 경영	600억 원

* 단, 가업상속공제와 영농상속공제는 동시에 적용하지 않는다.

▶ 가업상속 적용대상 기업 범위

가업상속 적용대상 중소기업 범위	가업상속 적용대상 중견기업 범위
① 별표에 따른 업종을 주된 사업으로 영위할 것	① 별표에 따른 업종을 주된 사업으로 영위할 것
② 조세특례제한법 시행령 제2조 제1항 제1호 및 제3호의 요건을 충족할 것	② 조세특례제한법 시행령 제9조 제4항 제1호 및 제3호의 요건을 충족할 것
• 1호 – 매출액이 업종별로 중소기업 기준 이내일 것	• 1호 – 중소기업이 아닐 것
• 2호 – 실질적인 독립성 요건을 갖출 것	• 2호 – 실질적인 독립성 요건을 갖출 것
③ 자산총액이 5천억 원 미만일 것	③ 상속이 개시되는 소득세 과세기간 또는 법인세 사업연도의 직전 3개 소득세 과세기간 또는 법인세 사업연도의 매출액 평균 금액이 5천억 원 이상인 기업이 아닐 것

▸ 가업상속재산 상속인·피상속인 요건

피상속인 요건	상속인 요건
① 해당 기업의 최대주주 등인 경우로서 피상속인과 그의 특수관계인의 주식 등을 합하여 해당 기업의 발행주식총수 등의 40%(거래소 상장 법인은 20%) 이상을 10년 이상 계속하여 보유할 것	① 상속개시일 현재 18세 이상일 것
② 가업의 영위기간 중 다음의 어느 하나의 기간 동안 대표이사(대표자)로 재직할 것 ㉠ 50% 이상의 기간 ㉡ 10년 이상의 기간 (상속인이 피상속인의 대표이사 등의 직을 승계하여 그날부터 상속개시일까지 계속 재직한 경우로 한정) ㉢ 상속개시일부터 소급하여 10년 중 5년 이상의 기간	② 상속개시일 전에 피상속인이 대표자로 재직한 영위기간 중 2년 이상 직접 가업에 종사(상속개시일 2년 전부터 가업에 종사한 경우로서 상속개시일부터 소급하여 2년에 해당하는 날부터 상속개시일까지의 기간 중 병역이행의 의무 등에 따른 사유로 가업에 종사하지 못한 기간이 있는 경우에는 그 기간은 가업에 종사한 기간으로 본다)하였을 것 다만, 피상속인이 65세 이전에 사망하거나 천재지변 및 인재 등 부득이한 사유로 사망한 경우에는 그러하지 아니하다.
	③ 상속세 과세표준 신고기한까지 임원으로 취임할 것
	④ 상속세 과세표준 신고기한부터 2년 이내에 대표이사 등으로 취임할 것

▶ **가업상속재산 사후 관리**

① 상속인이 상속개시일부터 5년 이내에 대통령령으로 정하는 정당한 사유 없이 다음 어느 하나에 해당하면 공제받은 금액에 해당일까지의 기간을 고려하여 대통령령으로 정하는 율을 곱하여 계산한 금액(자산 처분에 해당하는 경우에는 가업용 자산의 처분 비율을 추가로 곱한 금액을 말한다)을 상속개시 당시의 상속세 과세가액에 산입하여 상속세를 부과한다. 이 경우 대통령령으로 정하는 바에 따라 계산한 이자상당액을 그 부과하는 상속세에 가산한다.

1. 가업용 자산의 100분의 40 이상을 처분한 경우
2. 해당 상속인이 가업에 종사하지 아니하게 된 경우
3. 주식 등을 상속받은 상속인의 지분이 감소한 경우

다만, 상속인이 상속받은 주식 등을 물납하여 지분이 감소한 경우는 제외하되, 이 경우에도 상속인은 최대주주나 최대출자자에 해당하여야 한다.

가. 상속개시일부터 5년간 대통령령으로 정하는 정규직 근로자 수의 전체 평균이 상속개시일이 속하는 소득세 과세기간 또는 법인세 사업연도의 직전 2개 소득세 과세기간 또는 법인세 사업연도의 정규직근로자 수의 평균의 100분의 90에 미달하는 경우

나. 상속개시일부터 5년간 대통령령으로 정하는 총급여액(이하 이 목에서 "총급여액"이라 한다)의 전체 평균이 상속개시일이 속하는 소득세 과세기간 또는 법인세 사업연도의 직전 2개 소득세 과세기간 또는 법인세 사업연도의 총급여액의 평균의 100분의 90에 미달하는 경우

CHAPTER 5.

절세 설계와 조세회피 위험 관리

실질과세의 원칙은 본서의 배경이 되는 국세 부과의 중요한 원칙이므로 순서상 CHAPTER 1에서 설명을 해야 하나 책을 펼치자마자 덮는 것을 방지하기 위해 CHAPTER 5에서 설명하는 점을 양해해 주시기 바란다. 내용이 어렵지만 설명을 하는 이유는 본서를 읽는 독자 중 절세 설계를 실행하거나 고객에게 실행을 권유하는 독자가 있을 수 있기 때문이다. 최대한 이해하기 쉽게 풀어서 설명하겠지만 내용이 어렵다는 점 다시 한번 말씀드린다.

1

실질과세의 원칙

절세 설계는 시간 분산을 이용한 과세 시점 분산, 인별 분산을 이용한 납세자 분산, 소득 종류 분산을 이용한 세목 분산이 대표적인데 비록 법적 형식에 맞게 설계되었다 하더라도 납세자의 진의가 단순히 조세를 회피하기 위한 행위인 경우에는 그 경제적 실질에 따라서 과세한다.

– 세법상 실질과세 원칙 적용 여부 및 고려 사항

실질과세 원칙이란 납세자의 구체적 행위나 사실이 실질과 다른 경우 합리적인 이유 없이 단지 조세회피를 위한 수단에 불과한 경우에는 경제적 실질에 따라 과세한다는 원칙이다. 다만 납세자가 취한 합법적 거래 형식을 부인하고 법률관계를 벗어나 경제적 실질이나 목적만을 따라 과세요건을 구성하겠다는 의미는 아니다. 납세자의 예측 가능성과 법적 안정성을 침해할 가능성이 크기 때문이다. 조세를 부과하기 위해서는 조세법률주의에 의거해 세법에 명확한 근거가 있어야 한다. 과세관청이 과세요건에 관한 실질을 주장하는 경우에는 그 입증 책임은 과세관청에 있다. 과세요건 사실의 존재를 입증하지 못하는 경우 과세는 가능하지 않게 된다.

국세기본법 제14조 실질과세 원칙 전문

① 과세의 대상이 되는 소득, 수익, 재산, 행위 또는 거래의 귀속이 명의(名義)일 뿐이고 사실상 귀속되는 자가 따로 있을 때에는 사실상 귀속되는 자를 납세의무자로 하여 세법을 적용한다.

② 세법 중 과세표준의 계산에 관한 규정은 소득, 수익, 재산, 행위 또는 거래의 명칭이나 형식과 관계없이 그 실질 내용에 따라 적용한다.

③ 제3자를 통한 간접적인 방법이나 둘 이상의 행위 또는 거래를 거치는 방법으로 이 법 또는 세법의 혜택을 부당하게 받기 위한 것으로 인정되는 경우에는 그 경제적 실질 내용에 따라 당사자가 직접 거래를 한 것으로 보거나 연속된 하나의 행위 또는 거래를 한 것으로 보아 이 법 또는 세법을 적용한다.

1항(이하 "귀속의 실질"이라 한다)은 '귀속에 관한 실질'을 규정하고 있다. 예를 들어 사업자등록증상의 대표자와 실제 대표자가 다른 경우 실제 대표자를 귀속자로 세법을 적용하겠다는 규정이다.

2항(이하 "거래의 실질"이라 한다)은 '거래 내용에 관한 실질'을 규정하고 있다. 접대비로 지출하고 장부에 복리후생비로 계상해도 그 비용을 접대비로 처리할 수 없다. 과세표준 계산에 관하여 실질 내용에 따라 계산하겠다는 규정이다.

3항(이하 "경제적 실질"이라 한다)은 '조세회피 행위를 방지하기 위한 실질'을 규정하고 있다. 예를 들면 배우자 양도 후 이월과세 규정에서 그 경제적 실질이 증여받은 배우자에게 귀속되지 않고 증여한 본인에게 귀속되는 경우 과세(거래를 재구성)할 수 있다는 규정이다.

조세법률주의의 원칙상 조세법규의 해석은 특별한 사정이 없는 한 문언대로 해석(문언해석)하여야 하고 합리적 이유 없이 확장해석하거나 유추해석(합목적적 해석)하는 것은 허용되지 않는다.

대법원 판례는 법규 상호 간의 해석을 통하여 그 의미를 명백히 할 필요가 있는 경우에는 조세법률주의가 지향하는 "법적안정성 및 예측가능성을 해치지 않는 범위 내"에서 입법 취지 및 목적 등을 고려한 합목적적 해석을 하는 것은 가능하다 하였다.(대법원-2007-두-4438)

2007년 12월 세법개정안이 국회를 통과하면서 2008년 국기법 14조 3항에 '경제적 실질'에 관한 규정이 추가되었다. 조세회피행위는 실질과세원칙에 관한 '일반조항'으로 포괄적으로 규율될 수 있고 조세회피행위에 관한 개별규정은 예시규정으로 원칙을 확인한 규정이 됐다.

절세 설계의 기능이 제대로 작동하기 위해서는 해당 항목이 개별규정으로 예시규정만 규율되고 있는지 아니면 일반조항으로 포괄적으로 규율되고 있는지 여부를 확인해 봐야 할 것이다. 일반조항으로 규율되고 있는 세법 항목을 단지 사법적 형식만을 갖추게 되면 조세회피행위가 되어 거래를 재구성하게 된다. 거래를 재구성하는 범위에 있어서 논란이 있지만 리스크가 크다 할 수 있다.

다시 한번 말하지만 실제 실행하는 경우 실질과세의 원칙에 위배되지 않는지, 위배될 위험이 크다면 안전장치가 있는지 등을 전문가와 반드시 상의하기 바란다.

지금까지 국세기본법상 실질과세의 원칙에 대해 설명했고 개별 세법에서 실질과세의 원칙에 입각한 조세회피행위를 부인하는 규정에 대해 설명하겠다.

2

부당행위계산의 부인

- 부당행위계산 개념과 판단 기준

부당행위계산 부인은 국세기본법의 실질과세 원칙에 따라 거래의 형식에도 불구하고 실질이 조세의 부당한 감소를 위한 경우 조세회피행위를 부인한다. 조세부담의 공평성을 실현하기 위해 실질에 따라 과세하겠다는 규정이다.

부당행위계산부인규정은 법인세법의 경우 법인이 자산거래를 하는 경우 손실을 보는 경우에만 거래가액이 아닌 시가로 보고 있다. 자본거래에서 법인이 이익을 보는 경우 자산수증이익으로 과세한다. 상속·증여세법에서는 개인이 자산거래를 하는 경우 이익을 보는 경우에만 거래가액이 아닌 시가로 본다. 양도세의 경우 개인이 이익을 본 경우 그대로 두면 이중과세가 되기 때문에 고가양도의 경우에는 양도가액을 차감(법인과의 거래면 법인세법상 시가로 개인과의 거래면 증여재산가액을 양도가액에서 차감)하고 저가매입인 경우에는 취득가액을 가산(법인과의 거래면 법인세법상 시가가 취득가액 개인과의 거래면 증여재산가액 또는 증여의제이익을 취득가액에 증액)한다.

부당행위계산을 부인하고 시가를 적용하는 기준은 법인세 자산거래는 시가와 대가와의 차액이 시가의 5%, 3억 중 적은 금액 이상인 경우에 시가를 적용하며 자본거래의 경우에는 시가와 대가와의 차액이 시가의 30%, 3억 중

적은 금액 이상인 경우(실권주를 재배정하는 경우 5%, 3억 중 적은 금액 이상) 시가를 적용한다. 소득세(양도세)는 법인 자산거래와 같다. 상속·증여세는 시가와 대가와의 차액이 시가의 30%, 3억 중 적은 금액 이상인 경우 시가를 적용한다.

부당행위계산부인과 관련된 주요 항목을 각 세목별로 설명하겠다.

- 법인세 부당행위계산 부인

자산을 고가양도한 경우 양도한 법인의 입장에서는 거래 상대방이 특수관계인에 해당하는지 여부와 관계없이 세무조정을 고려할 필요가 없다. 이미 양도차익에 반영이 되어 있다. 자산을 저가양도한 경우 부당행위계산 부인 해당액만큼 이익이 적게 잡혔기 때문에 이익으로 과세한다.

자본거래(증자, 감자 등)의 경우 개인 주주가 이익을 보는 경우에는 분여받은 이익에 대하여 증여세를 과세한다. 법인 주주가 이익을 보는 경우 이익으로 과세한다. 법인 주주가 손해를 보는 경우 거래가액과 시가의 차이에 대해 이익으로 과세한다.

- 소득세 부당행위계산 부인

소득세법상 부당행위계산부인규정은 법인세법의 규정과 유사하다. 주식을 발행하지 않으므로 불공정 자본거래에 대한 규정이 없다. 소득세법은 법인세법과 달리 사업소득, 기타소득, 양도소득과 같이 입증된 필요경비를 차감하는 소득만을 대상으로 한다. 즉, 이자소득, 배당소득, 근로소득, 퇴직소득은 부당행위계산부인규정의 적용대상이 아니다. 다만 상대방이 법인이고 내가 주주나 근로자인 경우 소득처분에 의해 배당 또는 상여로 과세된다.

개인이 이익을 본 경우 그대로 두면 이중과세가 되기 때문에 고가양도의 경우에는 양도가액을 줄여(법인과의 거래면 법인세법상 시가로 개인과의 거래면 증여재산가액을 양도가액에서 차감) 주고 저가매입인 경우에는 취득가액을 늘려(법인과의 거래면 법인세법상 시가가 취득가액 개인과의 거래면 증여재산가액 또는 증여의제이익을 취득가액에 증액) 준다. 다음은 이중과세 등을 조정하기 위한 양도가액 및 취득가액의 특례규정이다.

양도가액

① 법인세법에 따르는 특수관계법인에게 고가양도한 경우로서 법인세법상 부당행위계산부인규정(법인이 고가매입한 경우)에 의하여 양도자의 상여, 배당 등으로 소득처분된 금액(이미 과세됐기 때문에 양도가액을 줄여준다)이 있는 때에는 법인세법상 시가

주주가 소유하고 있는 시가 1억의 부동산을 법인에 2억으로 고가로 양도하는 경우에 해당하며 법인은 시가와 양도가액의 차이 1억만큼 손금불산입 배당처분하게 된다.

주주는 시가 1억으로 양도세를 신고하고(이미 과세됐기 때문에 양도가액을 줄여준다) 배당소득 종합과세된다.

② 법인세법에 따른 특수관계법인 외의 자(특수관계 개인)가 상증세법상 고가양도

에 따른 이익의 증여규정에 따라 해당 거주자의 증여재산가액으로 하는 금액이 있는 경우에는 그 양도가액에서 증여재산가액을 뺀 금액

아들이 아버지에게 시가 1억 원의 토지를 2억에 양도한 경우 아들의 증여재산가액은 1억이 된다. 이 경우 양도가액이 2억인 경우에 양도차익이 1억 발생하므로 이중과세해 주겠다는 취지이다. 즉, 토지의 양도가액은 1억이 된다.

취득가액

법인세법에 따른 특수관계법인에게 취득한 경우로서 법인세법상 부당행위계산부인규정에 의하여 양도자의 상여, 배당 등으로 소득처분된 금액이 있는 때에는 그 상여, 배당 등으로 처분된 금액을 취득가액에 더한다.

– 상증세 부당행위계산 부인

① 특수관계인으로부터 재산을 시가보다 낮은 가액으로 양수하거나 특수관계인에게 재산을 시가보다 높은 가액으로 양도한 경우로서 시가의 30%, 3억 둘 중 작은 금액 이상 차이가 나게 되면 그 차액만큼 이익을 얻은 자의 증여재산가액으로 한다.

아들이 아버지로부터 시가 2억 원인 토지를 1억 2천만 원에 양수한 경우

차이 금액 8천 - 6천 = 2천 증여재산가액으로 본다.

1억 4천만 원과 형평성을 맞추기 위해 6천은 빼 준다.

② 부동산 무상사용에 따른 이익의 증여

타인의 부동산을 무상으로 사용함에 따라 이익을 얻는 경우에는 그 이익에 상당하는 금액을 부동산 무상사용자의 증여재산가액으로 한다. 다만, 그 이익에 상당하는 금액이 1억 원 미만인 경우는 제외(5년 합산)한다.(담보로 사용하는 경우 1천만 원 미만 제외)

③ 금전무상대출에 따는 이익의 증여

금전을 무상으로 또는 적정이자율보다 낮은 이자율로 대출받은 경우에는 금전을 대출받은 날에 대출받은 자의 증여재산가액으로 한다. 다만 다음의 구분에 따른 금액이 1천만 원 미만(1년마다 갱신 - 217,391,303원까지 무상대출 가능)인 경우는 제외한다.

④ 특정법인(가족법인)과의 거래를 통한 이익의 증여의제

지배주주와 그 친족(이하 "지배주주 등"이라 한다)이 직접 또는 간접으로 보유하는 주식보유비율이 100분의 30 이상인 법인(이하 '가족법인'이라 한다)이 지배주주의 특수관계인과 부당한 거래를 하는 경우에는 가족법인의 지배주주 등이 증여받은 것으로 본다. 거래를 한 날을 증여일로 하여 그 가족법인의 이익에 가족법인의 주주 등의 주식보유비율을 곱하여 계산한 금액을 그 가족법인의 주주 등이 증여(1억 미만, 1년마다 갱신)받은 것으로 본다. 가족법인에서 자세히 설명했으므로 사례는 생략하겠다.

3

특수관계자 판단 기준

- 특수관계자의 개념과 범위

부당행위계산부인규정은 대부분 특수관계자와 관련된 거래이다. 하지만 비특수관계자라도 시가를 벗어난 거래를 하는 경우에는 타당한 사유가 있어야 실질과세 원칙에 위배되지 않는다. 특수관계자의 범위에 관하여 정의 및 요약 설명하겠다. 실무에서는 전문가의 도움을 받아 특수관계자 여부를 판단해야 한다.

용어의 정의

① 촌수

부부간은 무촌, 부모 자식 간은 1촌, 형제자매는 2촌, 부모의 형제자매는 3촌, 부모의 형제자매의 자녀는 4촌

② 혈족

직계존비속, 형제자매(민법 768조)

③ 인척

본인 혈족의 배우자, 배우자의 부모, 형제자매, 배우자의 형제자매의 배우자(민법 769조, 민법 771조)

④ 지분으로 영향력을 행사하는 관계

- 1차 지배: 특수관계자가 30% 이상 지배하는 법인
- 2차 지배: 1차 지배하는 법인이 30% 이상 지배하는 법인(상속증여세법은 50%)

– 개별세법상 특수관계자 판단

국기법은 4촌 이내의 혈족, 3촌 이내의 인척, 배우자, 임원과 직원 등, 직원 등과 생계를 함께하는 친족, 지분으로 영향력을 행사하는 관계(2차 지배가 50%이다)가 주요 특수관계자이다.

법인세는 법인을 기준으로 판단한다. 법인의 친족은 없으며 법인의 직원(생계를 유지하는 자 포함 - 이하 '직원 등'이라 한다), 1% 초과하는 주주의 임직원, 지분으로 영향력을 행사하는 관계가 주요 특수관계자이다. 법인이 기준이므로 대표이사와 직원은 특수관계가 아니다.

소득세(국기법과 유사하다)는 4촌 이내의 혈족, 3촌 이내의 인척, 배우자, 임원과 직원 등, 직원 등과 생계를 함께하는 친족, 지분으로 영향력을 행사하는 관계(국기법은 2차 지배가 50%이다)가 주요 특수관계자이다.

상증세는 4촌 이내의 혈족, 3촌 이내의 인척, 배우자, 직계비속의 배우자의 2촌 이내의 혈족(사돈)과 그 배우자, 임원과 직원 등, 직원 등과 생계를 함께하는 친족, 대표이사와 직원(법인세와 차이), 지분으로 영향력을 행사하는 관계가 주요 특수관계자이다.

언어유희적인 말로 절세와 탈세는 '한 끗 차이'라는 말이 있다. 흔하게 쓰는 말이지만 사실 절세와 탈세는 멀다. 절세와 탈세는 비슷한 선상에 있지 않다. 절세와 조세회피는 '한 끗 차이'라는 말이 사실에 가깝다. 조세회피는 절세와 탈세의 중간지점에 있다. 탈세는 법적 형식이 불법이다. 절세와 조세회피는 법적 형식이 합법이다. 다만, 법적 실질(납세자의 진정한 의사표시)과 경제적 실질이 다른 경우에 과세요건이 충족된 경우(거래를 재구성한다)는 조세회피에 해당하고 과세요건이 충족되지 않은 경우(거래를 재구성하진 않는다)는 절세로 보는 것이다.

본서는 법적 형식에 맞는 절세 설계를 설명한 책이다. 이해의 편의를 돕기 위해 요건을 간단히 하거나 예외 사항을 생략하고 설명했다. 절세 전략을 실행하는 경우 반드시 전문가와 상의 후 진행해야 한다. 독자들의 사업이나 영업에 도움이 되기를 소망해 본다.

밑 빠진 독을 막는 세금 치료법

1판 1쇄 발행 2025년 3월 28일

지은이 서일근

교정 주현강 편집 이새희
마케팅 • 지원 김혜지

펴낸곳 (주)하움출판사 펴낸이 문현광

이메일 haum1000@naver.com 홈페이지 haum.kr
블로그 blog.naver.com/haum1000 인스타 @haum1007

ISBN 979-11-7374-011-4(03320)

좋은 책을 만들겠습니다.
하움출판사는 독자 여러분의 의견에 항상 귀 기울이고 있습니다.
파본은 구입처에서 교환해 드립니다.